选举问题的法律治理研究

—— 兼及选举的法理学思考

朱文鑫 著

知识产权出版社

全国百佳图书出版单位

—北京—

图书在版编目（CIP）数据

选举问题的法律治理研究：兼及选举的法理学思考/朱文鑫著. —北京：知识产权出版社，2021.9

ISBN 978-7-5130-6934-2

Ⅰ.①选… Ⅱ.①朱… Ⅲ.①选举法—研究—世界 Ⅳ.①D911.2

中国版本图书馆 CIP 数据核字（2020）第 086069 号

责任编辑：兰 涛　　　　　　　　责任校对：谷 洋

封面设计：博华创意·张冀　　　　责任印制：孙婷婷

选举问题的法律治理研究——兼及选举的法理学思考

朱文鑫　著

出版发行：知识产权出版社有限责任公司	网　址：http://www.ipph.cn
社　址：北京市海淀区气象路 50 号院	邮　编：100081
责编电话：010-82000860 转 8325	责编邮箱：zhzhang22@163.com
发行电话：010-82000860 转 8101/8102	发行传真：010-82000893/82005070/82000270
印　刷：北京虎彩文化传播有限公司	经　销：各大网上书店、新华书店及相关专业书店
开　本：880mm×1230mm　1/32	印　张：7.5
版　次：2021 年 9 月第 1 版	印　次：2021 年 9 月第 1 次印刷
字　数：181 千字	定　价：48.00 元

ISBN 978-7-5130-6934-2

前　言

选举概念中的"选"有两种形式：选举和推选。本书论述的贿选，指的是选举中出现的贿选现象。选举是一种古老而又现代的政治现象。从选举出现以来就有了贿选，至今也没有被消除。贿选治理的得失成败直接关乎政治秩序、政治清廉、政治法治和政治民主。除了极为少量的情形，政治社会或者政治国家总是千方百计地惩罚贿选，防止贿选发生。

本书共分为五章。

第一章论述贿选的概念，治理贿选的困境和治理方向。有选举就有发生贿选的可能，贿选是选举中难以避免的畸形现象，同时又是选举中可以控制的现象。制裁不是治理贿选的完全有效的手段，但又是不可或缺的手段。选举制度的完善是治理、控制贿选的根本出路。

第二章论述完善制度是法律治理贿选的根本路径。法律规范由假定条件、行为模式、法律后果（包括制裁）构成，法律制度总要依赖制裁才能得以全面实施。人们守法的原因包括接受行为模式和害怕制裁，行为模式和制裁均有利于规范人们的作为。正是由于行为模式规范作用的不足，才需要引入制裁以便补充规范作用。又因制裁的规范作用具有局限性，法律治理应当更重视行为模式的规范作用。针对违法行为发生的原因，制度防范能够保证行为模式的规范作用，能够保证人们遵守法律。选举是贿选发生的前置性条件，没有选举就没有贿选。不研究和认识选举，就无法了解贿选发生的原因，也就无法获得治理贿选的依据和路径。贿选的法律治理应当着眼于选举本身，着力于选举制度的完善。

第三章论述选举的内容。选举是选举人集体投票确定当选人的一种方式，但是选举是一个内涵丰富的概念。选举源于人的社会性。人是社会性的动物，人有共同生活的需要。共同生活需要社会管理，社会管理需要政治权力。政治权力需要政治精英，政治精英可以通过"强力"掌握政治权力。谁来行使政治权力难以由共同体决定，行使政治权力的目的与共同需要之间往往会发生错位。但是，政治权力为获得认可与服从又不得不满足共同需要。因此，在社会管理中，社会管理人与社会公众之间存在事实上的相互依赖关系，政治权力应当满足共同需要。选举通过社会公众选择社会管理人的制度安排，制约政治权力，替代和防范专制，保障共同需要被满足。在选举中，候选人为赢得选举竞争必须使选举人信赖其能够认真对待权力，满足选举人的共同需要。选举往往并不是人们通常理解的由选举人主动挑选候选人，而是由选举人被动参与选举并选择候选人。选举作为制约政治权力的手段，制约政治权力是选举制度设计的标准，但是选举本身存在着内在矛盾，影响选举制约作用的发挥。要保障选举，防范选举问题的产生，应从加强法制建设、强化民主理念和重视政党政治三个方面做起。

第四章论述贿选产生的原因。候选人在选举中争夺选票的目的是争夺政治权力。候选人选择贿选手段的目的是能够胜选，胜选的目的是获得政治权力，政治权力的诱惑越大，候选人参加选举的动因就越强；候选人胜选的概率越小，选择贿选的动因则越强。选举制度本身为贿选的发生提供了外在条件：选举是候选人的承诺及其宣传引导的，候选人具有相当大的贿选操作空间；选举人被动参与选举，有的人不会认真对待选举权，甚至还有滥用选举权的倾向；选举作为集体行动与个人行为之间的冲突，个人行为在集体行动中缺失个人激励，选举人有可能滥用选举权；选举制度的基础不够宽泛，为贿选提供了便利环境；贿选行为的隐蔽性，降低了贿选人的违法成本。此外，贿选发生的原因还包括：选举人和候选人的民主意识都不强；政党未发挥规范作用。民主是选举的理念，既能引导候选人、选举人又能引导选举的制度安排。选举人缺失民主理念，不但不会认真对待选举权，反而有可能滥用选举权；候选人缺失民主理念，不但不会尊重选举人的集体意志，反而有可能滥用被选举权。在西方国家，政党之间相互制约能够规范选举行为；在社会主义国家，党的统一领导可以更好地规范选举行为。

第五章论述贿选的法律治理路径。贿选确实是一种必须通过制度建设而不能完全依赖美德治理的问题。贿选的法律治理路径应当基于贿选发生的原因。针对候选人的贿选动因，应加强对贿选人的制裁，增加候选人的违法成本，规范权力运行，加强反腐，减少候选人对权力的不当期待。针对有钱人群体具有更强烈的贿选动因，应对重点人群实施重点监管，强化对有钱人群体参选的监管制度。针对候选人的贿选操作空间，引入竞选承诺规则，引导其以竞选承诺的方式进行竞争，保障充分竞争以普惠选举人。针对个人行为在集体行动中缺失个人激励而滥用权利的问题，以及贿选行为具有隐蔽性的属性，引入针对贿选的举报制度，加强对选举人揭露贿选的个人激励，以增加候选人的违法成本。针对选举制度的基础不够宽泛的问题，著者认为：应扩大选举的制度基础，增加贿选操作的难度。更重要的是，针对政党未能在选举中发挥有效的规范作用这一问题，必须加强政党对选举的规范作用。由政党推荐政治过硬、本领高强的候选人，并通过党纪、党规对本政党的候选人、选举人进行持续性的引导和制约。针对选举人和候选人滥用权利的倾向，在观念上，强化民主意识，强化对贿选的认识，使选举人认真对待选举权，使候选人尊重选举人的集体意志；强化法治意识，使选举人、候选人不得违法滥用选举权和被选举权。

目　录

导　论

一、研究的意义

本研究具有重要的实践意义，有助于解决实践中发生的贿选问题。贿选会造成选举人个体、选举人集体意识的扭曲，不顾集体利益；破坏候选人之间的公平，破坏选举的规则；损害政治的廉洁性、影响政风；影响当选人的恰当履职；等等。更重要的是，贿选构成了对人民代表大会制度的挑战，对社会主义民主政治的挑战，以及对党纪国法的挑战。贿选的现实危害有多大，治理贿选的重要性就有多大，治理贿选的意义就有多重要。相应地，对贿选的法律治理研究的重要性及意义就越大。治理贿选既是一个重要问题又是一个有难度的问题。毕竟贿选不是一个新问题，贿选的历史几乎和选举的历史一样长久，几乎有选举的地方就有贿选。治理贿选的难度越大，越说明从理论上研究贿选的法律治理的实践意义就越重要，毕竟单纯依靠制裁治理贿选已经被历史经验证明是难以如人所愿的。

本研究亦具有重要的理论意义，能够为法律治理确定路径，为贿选的法律治理提供理论支撑。

为法律治理确定路径，保障守法是法律的目的，制裁违法只是法律的工具。因此，不能忽略行为模式的规范作用而仅依赖制裁的规范作用，应当更加重视行为模式的规范作用。法律治理，重在发挥行为模式的规范作用。通过制度预防能够起到规范行为模式的作用，可见，制度完善是法律治理的根本路径。当然，在法律治理中，制裁也不可或缺。

要为贿选的法律治理提供理论支撑，就要跳出就贿选研究贿选的思维限制，从认识选举开始研究贿选发生的原因，并且有针对性地提出解决路径。选举是发生贿选的土壤，没有选举就没有贿选。选举的内容提供了贿选发生的条件。相应地，通过制度建设改变或者制约这些条件，贿选就会得到一定程度的控制和治理。正如英国选举的早期经验所提供的启示那样，秘密投票可以解决胁迫选举的问题，扩大选举有助于控制贿选。可见，治理贿选的关键不在于如何用严厉的制裁恐吓和压制候选人和选举人，关键在于回到选举，认识选举，通过选举的内容找到贿选产生的条件和原因。

二、国内外研究现状

（一）国外研究的现状

国外的选举制度安排与我国的选举制度安排不同，不同的选举制度安排所产生的问题也就不同。贿选是我国选举问题中较为严重的问题。早期英美国家的选举也存在着严重的贿选问题。在当代英美国家选举扩大之后，选举最大的问题是政治献金问题。英美国家亟待解决的选举问题也主要是政治献金问题。选举是贿选发生的基础，而民主理念需要通过选举的形式得以落实，选举也得以在民主理念的引导下进行，但凡谈及选举就会提到民主，但凡谈及民主也会提到选举。

尽管国外研究并不注重贿选问题，但是国外关于民主的理论能够为我们研究选举制度安排，研究贿选的法律治理提供理论基础和可借鉴的思路。关于民主理论，西方古典民主理论有亚里士多德的城邦民主理论，洛克的自由民主理论，孟德斯鸠的法治民主理论，卢梭的人民主权民主理论，托克维尔的平等民主理论和密尔的代议制民主理论。西方现代民主理论有熊彼特的竞争性民主理论、波普的开放民主理论、达尔的多元民主理论、萨托利的被统治民主理论、利普哈特的共识民主理论、佩蒂特的论辩民主理论、亨廷顿的民主化理论、马尔库塞的社会批判民主理论、沃尔佩的社会主义民主理论、密利本德的资本主义民主理论、佩特曼的参与式民主理论、巴伯的强势民主理论，哈贝马斯的话语民主理论、博曼的协商民主理论和墨菲的激进多元民主理论。其中，密尔的代议制民主理论、熊彼特的竞争性民主理论和萨托利的被统治民主理论尤其值得研究。

（二）国内研究的现状

国内研究贿选的论文和专著集中研究的是民主自治、基层选举和村委会选举中出现的贿选问题，而研究政治选举和人大代表选举中出现的贿选问题的论文和专著较少。研究人大代表贿选问题的文章，将人大代表贿选的原因主要归结为：对个人行为的规范不力，表现为监督不力和惩罚不力。不过，也提到了其他贿选发生的原因，比如间接选举的原因。

笔者在中国知网上以"贿选"一词为检索词检索研究生学位论文，截至 2018 年 4 月，共检索到 48 篇，均为硕士论文，尚未出现有关研究贿选问题的博士论文。在 48 篇研究贿选问题的硕士论文中，仅有 4 篇论文研究的是人大代表贿选问题，分别是：闫佳宁的《人大代表贿选问题及法律对策研究——以"辽宁省人大代表贿选案"为例》、张娇阳的《论对选举人大代表中贿选行为的惩治》、王宁的《人大代表贿选问题的制度完善——以间接选举为研究对象》、马钢柔的《对衡阳贿选案中的法律问题分析》；其余 44 篇论文均是研究基层民主选举、村委会选举中出现的贿选问题。闫佳宁认为："我国的人大代表选举存在贿选现象的根本原因，概括为人大代表选举中的选区划分及候选人产生缺陷、程序漏洞、监督失力、法律责任追究不力这四方面的共性原因。"张娇阳认为："根据目前法律法规的规定及贿选案件中对贿选行为的惩处情况来看，我国对选举人大代表中贿选行为的惩治不力且惩治系统混乱，这是贿选持续滋生蔓延的一个重要原因。"王宁认为："由于我国针对贿选的法律界定不明确、运行程序存在漏洞、监督体制'缺位'及责任追究制度不完善等原因，使得我国人大代表间接选举中的贿选问题频发。"马钢柔认为："（'衡阳贿选案'）反映出现行人民代表大会制度的一些不足之处。如在程序中，上下两届人民代表大会之间法律衔接的不足，没有专门的监督部门，启动调查程序不完善等。"总结以上 4 篇论文的观点，笔者认为，贿选产生的主要原因可以归结为：监督不力和责任追究（惩罚）不力。

笔者在中国知网上以"贿选"一词为检索词来检索期刊篇名，截至 2018 年 4 月，共检索到 454 篇期刊论文，其中大部分期刊论文研究的是基层民主选举和村委会选举中出现的贿选问题，只有少部分期刊论文研究人大代表贿选问题。其中，关于人大代表贿选问题文章有 5 篇：莫纪宏的《直面"三个挑战"：衡阳贿选事件的法理透析》（载《法学评论》2014 年第 2 期）；李峰的《人大代表选举的贿选问题及其治理——基于"衡阳人大代表贿选案"的分析》（载《研究生法学》2015 年第 2 期）；沈寿文的《人大代表"贿选"的逻辑——"辽宁贿选案"的警示》（载《东方法学》2017 年第 1 期）；秦前红的《返本开新——辽宁贿选案若干问题评析》（载《法学》2016 年第 12 期）；李雷的《完善人大代表间接选举制度的思考——以辽宁贿选案为起点》（载《时代法学》2017 年第 3 期）。莫纪宏提出，"从我国现行宪法、组织法、选举法、代表法和刑法的相关规定出发，对如何在法律上妥善处理'衡阳贿选事件'，在对人、对事两个方面都提出了一系列对策和建议"。李峰提出："从法律制度、经济利益、社会文化三个层面分析贿选问题存在的原因。"沈寿文认为："间接选举正是因其存在于相对密闭的空间之中，因而能够较好地贯彻组织意图、选举出组织上希望能够当选的代表、防止选举失控，但相对密闭的空间也为贿选的低成本提供了条件。"秦前红认为："必须客观分析贿选形成的原因，并在立法上明确界定赔选的涵意和问责措施；进一步规范临时筹备组的运作程序；优化人大代表的选举和结构制度。"李雷提出："从根源上尊重人大制度，重视代表选举，完善补正《选举法》部分条文，扩大直接选举的层级，增加间接选举的透明度，健全代表与选举人之间的联系沟通监督机制，提高公民素质，培育良好的选举文化等。"莫纪宏的论文则研究如何妥善处理赔选后果，而不是如何防范赔选的发生。另外4篇论文也从不同角度提出了赔选发生的原因，在监督不力、追责不力之外，主要提到了间接选举与赔选产生之间的联系。

国内目前直接研究赔选的著作，有董礼胜的《村委会选举中的赔选及其治理研究》，研究的是村委会选举中的赔选问题，指出村委会选举中赔选现象的特点，提出赔选的本质是公共权力的私人化，是对农民民主制度的破坏，是政治行为的经济化；危害包括给农民民主政治建设带来了民主冲击，干扰政治文明建设、阻碍农村基层的良治进程，不利于农村社会的稳定。认为村委会选举中赔选现象的成因是：现行相关法律规范不到位，赔选者的原因，乡政府方面的原因，村民方面的原因，以及其他因素的干扰。对治理我国村委会选举中赔选现象也提出了一系列建议。

国内研究选举的著作包括：郭中军的《中国的选举民主》（学林出版社，2014年版）分析了选举民主的思想渊源、选举民主的早期实践，以及人大的选举民主、党内的选举民主和基层的选举民主。胡盛仪的《中外选举制度比较》（商务印书馆，2014年版）分析了中外选举制度的历史沿革，比较分析了中外的选举原则、选举组织和选举划分、选举方式和选举类型、选举人资格和候选人的提名权、选举过程以及选举的监督与诉讼。张卓明的《选举权论》（社会科学文献出版社，2015 年版）分析了选举权的概念、选举权的性质、选举权的基础、选举权的构成、选举权的实现。周叶中、朱道坤的《选举七论》（武汉大学出版社，2012 年版）内容包括选举渊源论、选举价值论、选举制度论、选举发展论、选举权利论、选举关联论、选举中国论。

谈及贿选、选举离不开民主。王绍光的著作《民主四讲》（生活·读书·新知三联书店，2014 年版）提到了民主的异化："自由"和"宪制"限制了民主权威的适用范围、"代议"限制了民众直接参与决策的机会、"自由竞争性选举"限制了大多数人参政的机会、普选的实现也无法改变选举的"贵族""寡头"色彩。谈及现代民主的兴起与相关条件的关系：经济发展与民主、阶级结构与民主、文化与民主、公民社会与民主、社会资本与民主、国家有效性和民主的关系。分析了现代民主的机制与运行，分析了选举制度、政党制度、行政与立法的关系。提出了民主的实效评价的两个标准：以工具性目标来衡量、以民主原则来衡量。

三、创新之处

创新是学术的本质，也是一件艰难的事情。笔者也与其他学术工作者一样，努力在自己选定的主题下进行着学术创新。本研究的主要创新之处在以下四个方面。

1. 着眼选举来探讨贿选产生的主要根源，并寻找治理贿选的法治路径。概观现有的学术研究，多从如何依法监督、制裁的角度来论述对于贿选的治理，往往忽略了产生贿选的基础——选举本身。选举是竞选的基础，竞选在选举的框架内进行，而贿选是竞选的属概念。选举是贿选发生的基础，是贿选的前置性条件，没有选举就没有贿选。本书对贿选的法律治理研究，跳出了依赖制裁治理违法问题的思维限制，回到选举，认识选举，从选举的内容中发掘贿选发生的原因，然后有针对性地提出通过制度建设治理贿选的对策建议。

2. 选举是由候选人主导的，这一基本认知成为本书立论的重要根据，它突破了人们惯常的认识——选举是由选举人所主导的。选举的目的是要选拔出优秀的人才出任官员或者议员。人们通常将选举理解为由选举人主动挑选候选人，依靠选举人的理性选择优秀的政治家。本书作者论证认为，选举并不是由选举人主动挑选候选人，恰恰相反，是由选举人被动、消极地选择候选人。优秀的政治家，不是通过选举人的理性选择而产生的，而是在候选人之间的竞争中产生的，只有优秀的政治家才更有可能赢得选举竞争。候选人主导选举，选举人被动、消极参与选举，与贿选发生有着重要的关联。

3. 现有的学术研究对贿选产生的原因的认定，主要归结为对个人行为的规范不力，表现为监督不力、惩罚不力。监督和惩罚确实能够一定程度地控制贿选，但是行为发生的动因和条件并不主要在于监督和惩罚。本书研究的创新之处在于，较为全面地分析了贿选发生的原因，从内在动因、外在条件、民主理念和政党作用等方面进行了深入分析。针对以上这些原因，提出制度防范是法律治理的根本措施。

4. 关于贿选法律治理的诸多措施也是本书研究的主要创新之处。现有的关于贿选的学术研究并未提到下列这些措施：针对选举人和候选人滥用权利的倾向，在观念上，应强化民主意识，强化对贿选的认识，使选举人认真对待选举权，使候选人尊重选举人的集体意志；应强化法治意识，使选举人、候选人不得违法滥用选举权和被选举权。针对候选人的贿选动因，规范权力、加强反腐，减少候选人对权力的不当期待。针对有钱人群体有更强烈的贿选动因，实行重点人群重点监管，强化对有钱人群体参选的监管制度。针对候选人的贿选操作空间，引入竞选承诺规则，引导候选人以竞选承诺的方式进行竞争，保障充分竞争以普惠选举人。针对政党未能在选举中发挥有效的规范作用，必须加强政党对选举的规范作用，由政党提供政治过硬、本领高强的候选人，并通过党纪、党规对本政党的候选人、选举人进行持续性的引导和制约，除了要求候选人和选举人不得违法行使权利，还要求其认真、负责地行使权利。

第一章 贿选的分析

贿选是在选举中运用贿赂手段进行竞争，是选举竞争的不当形式。候选人希望通过收买选票的方式赢得选举竞争。贿选会破坏政治秩序、玷污政治清廉、危害政治法治和毁坏政治民主。尽管贿选是选举竞争中的不当形式，但是贿选是选举中难以避免的现象，但凡贿选能够发挥作用的地方，就有发生贿选的可能。然而，贿选问题不仅仅是制裁不力的问题，合理的制裁虽然能够发挥一定的治理贿选的作用，但是治理贿选不能完全依赖制裁，选举制度的完善才是治理贿选的根本出路。

第一节 贿选的概念

贿选中的"贿"是指贿赂，"选"就是选举，贿选就是在选举中采用贿赂手段进行竞争。严格来说，"选"不是选举，"选"应当是选举竞争。贿赂是选举竞争的一种手段，贿选是选举竞争的不当形式。贿选会破坏政治秩序、玷污政治清廉、危害政治法治和毁坏政治民主。

一、"贿选"的概念解析

"贿选"一词由"贿"和"选"二字构成。正如字面所表达的那样，贿选是"选"中有"贿"。"贿选"的定义和内涵是由"贿"和"选"二字的定义和内涵决定的，要解析贿选的概念，应该先解析"贿"和"选"的概念。

（一）"贿"是贿选的行为表现

"贿"是贿赂，"贿"是贿选的行为表现，贿赂是一种目的性的手段。贿赂就是收买，收买既可以通过直接交付金钱或者其他财物的方式，又可以通过设宴款待或者提供其他资源的方式等非直接交付金钱或者其他财物的方式，两种方式都能起到收买、贿赂的作用。通过感情拉拢方式拉票不属于贿选。由此，关于贿赂的认定就会产生贿赂范围的问题，贿赂是否仅限于物质性贿赂？

贿赂的历史远远长于贿选的历史，贿选只有在选举出现后才能产生。贿赂犯罪，在我国早已有之。关于贿赂的记载，最早可见夏朝刑律中的"墨"——收受别人的贿赂。后来，《汉书·刑法志》载："……及吏坐受赇枉法，守县官财物而即盗之……"这里的"赇"指的就是财物。1997年《刑法》第385条将贿赂的范围限制为"财物"。尽管1997年《刑法》经过多次修正，但该条文仍未改动。而《选举法》（2015年修正）第57条"为保障选民和代表自由行使选举权和被选举权，对有下列行为之一，破坏选举，违反治安管理规定的，依法给予治安管理处罚；构成犯罪的，依法追究刑事责任：（一）以金钱或者其他财物贿赂选民或者代表，妨害选民和代表自由行使选举权和被选举权的……"明确将贿选的范围限制为金钱或者其他财物的物质性贿赂。

"贿赂必须是一种利益，即必须是能够满足人的欲望或者需要的利益，如果不是一种利益就不可能成为贿赂。"❶尽管我国《刑法》和《选举法》都将贿赂的范围限定为物质性贿赂，但是其他非财物的利益也能起到与财物完全一样的贿赂作用。在我国刑法学界，关于贿赂的界定，主要有以下四种观点：一是财物说，即认为贿赂仅指金钱和可以用金钱计算的财物；二是物质利益说，认为贿赂除了包括金钱等财物，还包括其他物质性利益；三是利益说，又称需要说，认为凡是能满足人的物质和精神需求的一切利益，无论是有形还是无形、物质或者非物质、财产或者非财产的利益，都应该视为贿赂；四是财产性利益和部分非财产性利益说。❷ 如果贿赂的范围应当突破财物的限制，那么贿选的范围也应当突破财物的限制。但是一般来说，贿选的范围被限制为金钱或者其他财物的物质性贿赂。

（二）"选"是贿选的背景条件

"选"是贿选的背景条件，贿赂发生在"选"中，如何理解贿选中的"选"？"选"一定指向选举，但严格区分来说，"选"

---

❶ 林山田. 刑法各罪论［M］. 北京：北京大学出版社，2020.
❷ 伍学文，向雷. 非物质性贿赂研究［J］. 国家检察官学院学报，2009（3）.

是选举中的竞争行为，也就是说"选"是指"选举竞争"，或者说是"竞选"。会发生贿选的选举一定是差额选举，是差额选举存在的竞争，使行为人能够采取贿赂的方式以实现赢得竞选的期望。贿赂发生在选举竞争中，而选举竞争是因选举本身而产生的。选举竞争与选举是完全不同性质的概念，前者是制度设计，后者是制度指引下的活动和行为。

进一步说，贿选主要存在于两种选举形式中：选举和推选。选举中会发生贿选，推选中亦会发生贿选。选举和推选是两种不同的选择方式，并不能同日而语。"'推选'更多地意味着'选择'，而不是严格意义上的'选举'。"❶但事实情况是，谈及贿选，人们几乎不会区分是选举中的贿选还是推选中的贿选。甚至并不了解"选举"和"推选"的区别。我国出版的《大辞海》就混淆了"选举"和"推选"的区别，将"选举"定义为："国家或其他政治组织依照一定的程序和规则，由全体或部分成员根据自己的意愿，推选一人或若干人充任国家或该组织的某种权威性职务的政治活动。"❷选举不是推选，但是选举中的候选人可以通过推选产生。

选举和推选都表现为一群人在给定的候选人中作出选择。在选举中，选择的主体被称为选举人，被选择的对象被称为被选举人或者候选人；在推选中，选择的主体被称为投票人，被选择的

❶　皮埃尔·罗桑瓦龙. 公民的加冕礼：法国普选史［M］. 吕一民，译. 上海：上海人民出版社，2005：16.

❷　王邦佐，邓志伟. 大辞海：政治学·社会学卷［M］. 上海：上海辞书出版社，2010：10.

对象也被称为候选人。选举权初始于公民身份，投票权来源于被授权。在选举中，选举人选择候选人行使政治权力进行社会管理；在推选中，主要目的是通过投票选出最合适的人选。选举的内涵比推选的内涵更丰富，而且选举往往在大范围进行，推选往往在小范围进行。因此，由选举产生的贿选问题比推选产生的贿选问题更复杂，更难以治理。本书作者所说的贿选，指的是选举中出现的贿选，贿选的法律治理研究就是选举中的贿选的法律治理研究。

（三）贿选是选举竞争的不当形式

贿赂是选举竞争的一种手段，贿选是选举竞争的不当形式。贿赂的产生远远早于贿选。当选举产生后，贿赂的方式被代入选举竞争中，贿选就由此产生。贿赂与选举的关系，一方面，选举竞争是由选举的制度安排决定的，选举的制度安排能够影响选举竞争方式的选择，也就是能够影响贿赂的发生与否；另一方面，贿赂是一种独立的行为，选举中贿赂的发生与其他制度安排和行为人的认知有关。

贿选最直接的表现为"用金钱购买选票"，实质上是指用金钱或者其他财物交换选票，不管这种财物是现实的财物，还是具有期待可能性的"允诺"的财物。选票具有稀缺性。贿选在选举人对金钱的需要、渴望乃至贪婪与候选人对权力的觊觎中间架构起了连通的桥梁。贿选通过金钱或者其他财物对投票施加影响力。选举的具体操作方式是投票，选举的过程是竞争选票的过程，也就是争取更多选举人的选票的过程。贿选表现为一种收买方式，是向选举人给付金钱或者其他财物，这往往是最直接而有效的争取选票的方式。在选举舞弊中，最盛行的方式就是贿选。贿选表现为"交易"，但不同于市场经济中的"交易"。市场经济中的"交易"，支付了相应的对价一般能够直接取得交易标的物的所有权、使用权或者其他权利。但在贿选中，支付了相应对价并不直接取得权利，也就是并不直接获得选举人的选票，而是获得一种得到选票的可能性。这种可能性就是一种影响力，尤其在秘密投票的前提下。贿选是通过向选举人支付相应对价，相当于用金钱购买的手段，而产生让选举人给自己投票的影响力，进而实现影响选举、赢得选举的目的。

二、贿选的危害分析

贿选是对政治的严重败坏，具有极大的危害性。对其危害性，必须具有深刻的认识。对于贿选的危害性，人们可以从不同的视角作出不同的考察，得出不完全相同的结论，但是都可以发现贿选的危害是不可小觑、不容忽视的。不同的学者对于贿选的危害肯定会有不同角度的认知，也会有不同的概括。本书作者认为，贿选的危害至少包括以下四个方面。

（一）破坏政治秩序

政治秩序对于任何国家都是重要的。良好的政治秩序是政治权力良性运行的保障，是人民幸福生活的前提。良好的政治秩序，也是政治权力得以正常运行和交替的保证。对于严重破坏政治秩序的行为，自古以来，都为法律所反对、所制裁。现代各国法律更是规定了严厉的制裁措施，以防止和惩治破坏政治秩序的行为。之所以如此，是由政治秩序的重要意义和影响决定的。选举历来都是重大的政治事件，当然更是现代政治国家的大事。对于选举的破坏就是对于政治秩序的破坏，而且是对动态政治秩序的破坏，绝对不能容忍和听任。

选举的目的是要选拔出优秀的人才出任官员或者议员，是对优秀政治家、政治精英的选择，因此选举的有序进行是政治秩序的重要内容和表现，选举能否依法顺利举行也是对政治秩序的严峻挑战。在君主制中，历代王朝的更迭都是重中之重的大事，其异常更迭往往都造成了人民的灾难，严重者甚至引发王权之争，引发内乱和战争。在民主制中，不民主、不法治的选举往往是社会动乱的根源。不民主、不法治的权力交替往往导致混乱，有的引发街头政治，导致抗议、静坐、示威乃至更激烈的政治冲突。民主选举的一个重要目的就是实现权力更替的民主化、有序化和法治化。选举是政治秩序的最重要节点。如果说一般政治秩序最需要的是和谐稳定的话，那么选举这种特殊的政治秩序更需要的是有条不紊、依法而行和循序推进。贿选是选举中的异常现象和畸形现象，它的出现就必然使既有的选举规则遭到破坏，使应有的选举秩序遭到损害，甚至直接导致混乱、引发冲突。轻者，它会使本来不该当选的人得以当选，同时也会使应该当选的人无法当选，破坏选举的正常秩序。重者，甚至会破坏整个政治秩序，引发社会撕裂，造成社会动荡，使整个政治秩序乃至社会秩序都遭受到严重的威胁和危险，国家和社会也会因此陷入混乱。

（二）玷污政治清廉

政治本来应该是清廉的。清廉应该是政治的本性，清廉的政治才会是忠于人民的政治。没有政治的廉洁性就没有政治的人民性。凡是被金钱收买的政治必然会失真，背叛政治的本性。所以政治清廉，不是一件小事，而是事关权力纯洁、人民民主的大事。即使是西方的虚伪的资产阶级民主，也同样会因贿选而出现腐败。

首先，贿选本身就是一种腐败。贿选本身就是政治的"毒瘤"，它危害政治机体并可能在政治的肌体上恶性发展。如果任其发展必然会使整个政治体系遭受到严重的破坏。它会毒化政治空气，污染政治环境，使政治风气变坏。在贿选之下，当选者不是凭借政治原则、政治立场，也不是凭借智力水平、工作能力、人格声誉等，而是仅靠金钱当选。这无疑会严重挫伤政治优良、能力高强、道德高尚者的积极性，导致劣币驱逐良币的恶劣现象。

其次，因贿选获得的权力可能是新的腐败源头。凡是由贿选等腐败方式得来的权力，很难不通过腐败的方式行使，成为发作的"毒瘤"，并将病毒扩散开去。由于贿选需要直接的金钱投入，这些所谓的成本从何而来，难免本身就是腐败的滋生物。即使其用于贿选的资金来源是清楚的和清白的，并非从腐败中获得，但是其通过贿选掌握权力之后，为了维持其"投入"与"产出"的平衡，很容易导致腐败，形成贪腐。通过贿选获得的权力很难不被滥用，一旦被滥用，也就必然导致权力的腐败。

最后，贿选会败坏社会政治风气。政治风气是社会风气的构成部分，而且是其中起主导作用的部分。贿选的政治风气当然会在社会上传染，成为败坏社会政治风气的根源。试想，既然严肃的政治选举都可能会有贿赂这种腐败现象，那么其他政治环节又为何不可以腐败；既然政治都可以腐败，那么社会又为何不可以腐败。社会上的腐败也会因贿选而得到更大的心理支撑，贿选的腐败最终危害整个社会风气的纯洁性。有的人甚至可能误解为所有政治问题都可以通过金钱来解决，任何权力都可以通过金钱来购买。

（三）危害政治法治

尽管法律并不一定能够全面地禁止贿选，尽管已有的法律也可能有这样或那样的缺陷，但是没有哪一部法律会公然地容忍和支持贿选。纵观人类政治发展史，公然地容忍甚至倡导贿选的法律，从来就没有过。从法治的理念和制度上看，可以肯定地说，任何贿选都是对于有关法律的违背，都是对于法治的直接挑战。

贿选是对法治本质的反动。法治首先就是约束公权力。选举就是公权力授予的首要环节，它决定谁来掌握公权力，解决的是将权力授予谁的问题。在法律制度不健全的情况下很容易有贿选产生，即使是在健全的法律制度之下也可能有贿选产生。贿选对于法律制度的挑衅，就是对法治的破坏。贿选与竭力约束公权力的法治追求是完全背道而驰的。因此，听任贿选的横行，就是听任其对于法治的伤害。从这个意义上说，听任贿选就是伤害法治，打击贿选也就是维护法治。

政治法治化是政治的历史走向，是现代法治也是文明政治的基本要求。贿选对于政治法治的违背是不言而喻的。在现代法治理念之下，政治必须法治化，政治必须尊崇法治，依法运行。但是，贿选是对政治法治原则的直接挑战。在贿选与法治的较量中，贿选有时也会获得胜利。正是因为贿选还可能在个别时间、个别场合战胜法治而成为耻辱的胜利者，因此它对法治的破坏性才更加凸显。贿选的胜利实际上是金钱在民主领域的肆虐，是在选举过程中的横行，绝不能任由其滋生和发展。

（四）毁坏政治民主

选举在一定意义上说是政治民主的集中体现。虽然民主并不仅仅体现为选举，但是选举对于民主的重大意义是不容否定的。可以认为，没有民主选举，就没有严格意义的政治民主。在实行民主政治的国家和社会，选举是人民行使自己当家做主权利的重要路径和方式。人民当家做主的地位和权力就是通过参加选举，通过自己的投票行为而得以体现的。

首先，贿选是对被贿赂者原有意愿的扭曲。如果每一个公民都能根据自主判断、根据自己的意愿依法投票选举自己信任的政治家，这样的民主当然是最好的。但是如果有人或者有一部分人，不是根据自己的判断，也不是出于自己的意愿，而是被候选人的财物所收买或左右，违背自己的意愿，那就是对于民主的扭曲，其结果就必然是对民主政治和政治民主的反动。

其次，贿选会导致候选人之间的不公正。竞选当然应当是公正的、平等的，它理当是将所有的参选人置于同等的条件下进行竞争，优者胜，劣者汰，这才是选举的应有之义。但是在贿选的背景下，有的人因为贿选而获胜，显然是让不该当选的人成为胜选人。这对于其他候选人就是不公正的。因为，公平的竞争才可能使优秀的候选人得以胜出。不公正的贿选只能使人格卑劣、道德低下者当选。贿选使德不配、才无能的人当选，是社会或者国家的政治不公正，最后损害的是人民的利益。

最后，贿选会导致选民之间的不公正。贿选的结果对于被贿赂者本人意志是扭曲的，对于其他没有接受贿赂的选举人来说，就是欺骗，就是不公正。因为人人都应该真诚地投票，依法投票，而偏偏就有人因受到贿赂而非正常投票。这种结果对于未受贿赂者来说，就是不公正的。贿选对于选民意愿是扭曲，对于候选人不公正，对于其他选民不公正，当然其结果也不会公正。不公正的选举结果，当然是对民主政治的背叛，是对人民的背叛。

对于贿选的罪恶，在法律上当然要依法而论。每一个贿选者该当何罪，必须依法论处。由于其在政治和道德上更具有模糊性，完全可以说是罪莫大焉。因此，如何控制贿选，如何立足和着眼选举本身的制度设计，运用法治化的方式来控制贿选，是一项急迫的政治任务，也是一项极为艰巨的法律任务。因此，本研究旨在进行艰难的理论探索，以期能为民主政治尤其是政治选举实践贡献自己绵薄的智慧。

贿选并不是一个新问题，其历史几乎和选举的历史一样长，几乎有选举的地方就有贿选。伴随着选举和贿选历史的，还有依法治理贿选的法治实践。依法治理贿选有两种方式：一种是针对贿选行为，惩罚贿选人；另一种是针对选举制度，并非惩罚贿选人，而是完善选举规则。面对贿选问题，为了确保选举公平，防止选举被控制，人们往往寄希望于通过对贿选人的制裁来治理和控制贿选。制裁当然是重要的，治理贿选始终也不能抛弃制裁的手段。但是人们似乎忘记了制裁只是不得已的应急之策，它并不能确保有效地消除贿选或者使贿选难以产生。真正比制裁更加首要的还是完善选举的制度设计。

第二节　贿选是选举难以避免的现象

贿赂的产生远远早于贿选，当选举产生后，贿赂的方式被代入选举竞争，贿选就由此产生。贿赂是独立于选举的手段，虽然贿赂是一种不当手段，但不可否认，贿赂是一种建立相互关系的有效手段，在贿赂能够发挥作用的地方，往往就可能发生贿赂。不管是我国选举的历史经验还是西方选举的历史经验都表明，贿选是选举难以避免的现象。而且，选票具有价值，这就为贿选的发生提供了基础，更何况贿选行为有时候与人情来往难以区分，人们可能意识不到贿选的危害。

一、贿选的历史经验分析

有选举的地方就有发生贿选的可能，贿选是选举难以避免的现象。了解并分析古今中外历史上的贿选现象，有助于认清贿选的成因，发现其危害，能够为贿选治理提供历史借鉴。

（一）中国的贿选历史

中国历史上的第一次选举是清末咨议局选举。咨议局的诞生，是朝廷"预备立宪"进程中至关重要的一个环节。1908 年夏天，清朝朝廷连续颁发了《咨议局章程》《咨议局议员选举章程》《钦定宪法大纲》和《钦定逐年筹备事宜清单》等一系列文件。1909 年，举行咨议局选举，各省一律开办咨议局（各省督抚办），颁布资政院章程，筹备城镇地方自治，颁布国民必读课本。对于咨议局选举，尽管普通选民反应平淡，无选举权的民众漠不关心，但仍然爆出一些贿选现象。广东省选举的行贿情形，一票价值在白银 40—200 两。在杭州复选中，《民呼日报》载："每票酬劳五十两，牺牲三百金，议员即操券而得。"

中国历史上最有影响力的两次全国性选举，是"中华民国"第一届国会选举和"中华民国"第二届国会（安福国会）选举。

"中华民国"第一届国会选举是通过贿赂赢得选举，主要发生在复选阶段，国会议员运用请客送礼、礼尚往来等手段进行买票。❶ 众议员采取复选制，即由选民在初选区内（以县为单位），选出 50 倍于本省名额的初当选人，组成若干复选区（每省不超过 8 个），再由初当选人互选出众议员。在第一次国会选举中，充斥着贿选现象。《申报》记载，选举伊始，"每一选券价值两角以至五角"，最多不过二三十元。至复选阶段，选票水涨船高，

---

❶ 张宪文, 等. 中华民国史：第一卷 [M]. 南京：南京大学出版社, 2006：135.

"辇金收买初选当选人，或一百元一个，或二百元一个，时期愈促者价愈昂"❶。在江苏，"谓有以金钱运动投票之举，其价目每元四票，或三票及二票不等，现象颇恶"❷。丹徒作为江苏第三复选区，投票时，"金钱运动肆行无岂，更有人挟资买票，转售于人"❸。在湖北，"凡当选者无人不出于金钱运动，即大名鼎鼎之汤化龙，亦被初选当选人吴宝璜控揩骗票价不付"❹。在湖南，为了当选参议员，"有消耗至数千金者"，甚至还有"因耗费已多，而票额仍难如愿，竟在家放声大哭"，"或悬梁自缢为家中瞥见得免于死者"❺。广西桂林在国会初选时，民主党为了多拿选票，则在"发给选票时，每一初选人附送一券，上写凭券发米粉若干碗，如未使用或使用未完的数量，得按值换取现金"。在复选时，民主党甚至在公娼聚集的场所租赁酒楼和妓馆，作为招待复选人的俱乐部。❻ 江苏镇江城区的众议员初选当选人张茂林，"平时素不与闻公事，此次众议院初选竟大施运动手段。先期在景福堂备早饭、中饭五六十席，凡平时稍有交情者，莫不招徕列席。临行并赠每人小洋一角，另加派律脱纸烟为朦"❼。苏州选举省议员，为了笼络选举人，"有用酒饭者、面点者、川盘

❶ 自由谈话会［N］. 申报，1913.
❷ 又是选举怪状［N］. 民立报，1912 – 12 – 08.
❸ 公电·岂独第三区然哉［N］. 民立报，1913 – 01 – 10.
❹ 鄂省选举新笑史［N］. 申报，1913 – 03 – 03.
❺ 湘省选举笑史［N］. 民立报，1913 – 03 – 31.
❻ 魏继昌. 国民党与民主党在桂林竞选国会议员的斗争［G］//中国人民政治协商会议全国委员会文史资料研究委员会. 文史资料选辑：第 82 辑. 北京：文史资料出版社，1982：211 – 212.
❼ 地方通讯［N］. 申报，1912 – 12 – 30.

者、火车票者，纷纷不一"❶。关于第一次国会选举，有评论："选举流弊之最甚者，莫然金钱之运动。"❷

在"中华民国"第一届国会选举中，"大总统下令饬司法官员，事前严加访查，遇案依法惩办，倘怠于政务漠视不问，一经查明定予严行惩戒云云。足征政府爱惜民意，重视选政。讵料道路喧传京外各报所载山东、山西、湖北、安徽诸省参议员选举票价，每票十元至百元不等，而尤以直隶省议会议员结为卖票团最为奇闻。该卖票团又名为老赶团，其意盖谓为无确定之候选人，惟视多金者而售之，且公然开会决议，无论候选人德望如何，非出代价万元以上不予投票。……喧传于道路，腾播于人口，选举败坏，贿赂公行一至于此，该省议会议员为地方人民之代表，居省区参政之机关，而岁受千元薪俸，目无法纪，心无廉耻，必籍选举要求二三百元之私利，此风一长选举前途尚堪闻问"❸。在第二届国会选举过程中，最为典型的违法之事莫过于贿选。从中央选举到地方选举，从下层地方官员到各省督军，从安福系到研究系、交通系，尽情发挥着金钱的魔力，或暗箱操作，或明目张胆；或分散交易，或组团买卖。公正、公平、民主，只不过是华丽的辞藻，在金钱面前，都黯然失色。❹ 在一片"非法选举"的抗议声中，第二届国会选举于 1918 年 7 月结束。与第一届国会选举相比，第二届国会选举值得称道之处甚少。尽管第一届国会

---

❶ 松江省议会初选投票之现状 [N]. 申报，1912 - 12 - 08.

❷ 力子. 选举流弊（评论二）[N]. 民立报，1913 - 01 - 09.

❸ 大公报 [N]. 1917 - 01 - 04.

❹ 熊秋良. 移植与嬗变：民国北京政府时期国会选举制度研究 [M]. 南京：江苏人民出版社，2011：198.

选举也存在许多违法舞弊现象，但整体上是根据《临时约法》的规定，遵循民主政治的理念，按照选举的各项程序进行的。而第二届国会选举是段系、研究系与南方革命党人争夺国会合法性、掌握执政话语权的博弈过程。整个选举完全由段系的核心安福俱乐部一手操纵。该派系意图通过贿选，控制选举，致使各地买卖选票肆无忌惮，各省督军干涉选举无所顾忌。贿选之严重，违法舞弊之普遍，司法救济之苍白，前所未有，选举谈不上任何民主的色彩。❶

　　这两次国会选举中充斥着贿选现象曹锟贿选案是民国选举历史中最著名的贿选案件，曹锟因此成为美国《时代》杂志最早报道的中国人。《时代》周刊以《新总统》为题的文章写道："直隶督军曹锟将军当选为总统……比应当选的最低票数多50票。有报道称，他赢得选举是靠贿赂议员，每人获赠5000大洋。"关于曹锟贿选的历史记录材料较为丰富。当然，总统选举中的贿选不仅发生在曹锟一人身上，安福国会选举总统也存在着贿选的现象。据报载："顷据某系要人报告本社，言确闻此次中央选举会某俱乐部（姑隐其名），公然以金钱贿买，每票约定二百元。讵料昨晚某省大学派投票者五十五人，忽要求增加至四百元，并须加付来京川资；又有某大学派为同样之要求。昨晚该俱乐部之掌柜奔走半夜，始见妥协，一一屈服其要求。"❷"副总统因难以决定而缓举，却与议员诸公以得钱偿债之机会。据知其内

---

　　❶　熊秋良. 移植与嬗变：民国北京政府时期国会选举制度研究 [M]. 南京：江苏人民出版社，2011：211.

　　❷　民国日报 [N]. 1918-06-25.

幕者言，有多数议员因买票赔本而负债，其还期皆定在大总统选出之时。初以为大总统之一票，必可卖得一二万元。但此次目的不达，于是一笔大账，皆全部敲在副总统身上。"❶

事实上，袁世凯在总统选举过程中也存在贿选行为。但袁世凯竞选总统的主要方式是武力威胁。逼选和贿选都是选举舞弊的形式，有逼选存在就有可能存在贿选。1913 年 10 月 6 日，国会召开总统选举会。这天，大批北洋军警化装成平民，自称"公民团"，包围国会，对议员们公然进行胁迫。按《总统选举法》规定，大总统由国会议员组成选举会选举，选举会的法定人数由议会总人数的 2/3 构成，无记名投票，候选人必须获得 3/4 的绝对多数才能当选。如投票两轮仍无人当选，则进行第三轮投票，以第二轮中得票领先的两人得票过半数即可当选。这天在前两轮投票中袁世凯都未能获得法定的当选票数。"公民团"乃阻止议员们进出与进食，逼迫议员们继续进行第三轮投票。该日晚 9 点，终于以 507 票对 179 票使袁"当选"。这与一年半前参议院全票一致选袁为临时大总统的情形已经不可同日而语。❷ 而曹锟选择贿选的方式，正是在武力逼选不成的情形下的选择。"直系逼选不成，合法不选更是无望，于是只有贿选一途了。实际上曹锟贿买总统早在国会正式开会后已经开始，但是大规模地、露骨地贿选则是逼选败露后进行的"❸。

---

❶ 民国日报 [N]. 1918-09-09.

❷ 张宪文，等. 中华民国史：第一卷 [M]. 南京：南京大学出版社，2006：148-149.

❸ 郑志廷. 试探曹锟贿选 [J]. 河北大学学报，1982 (2).

（二）西方的贿选历史

在古希腊的城邦民主时期，就有贿选现象存在，例如候选人宴请选民。在阿里斯托芬的《骑士》中，就有关于候选人如何向选民行贿的记录。雅典海军统帅客蒙就有贿选的嫌疑。"客蒙是名副其实的老将，雅典帝国的开国元勋。战后，客蒙为了在政治角逐中取胜，不惜挥金如土，经常举办节日庆典，并让附近的贫苦人随意取用他家的粮食和饭菜，以便收买人心。他以为，凭借自己的功劳和对贫苦人的恩赐，在政治斗争中必定能轻挫对手，赢得胜利。但是出乎意料，在公元前 461 年，客蒙竟遭到放逐。"❶ 贿选现象在罗马共和国时期则更为普遍，贿选带来了腐化，侵蚀了美德，动摇了罗马共和国政权的根基，下文将对罗马共和国糟糕的贿选现象做进一步分析。

而西方民主国家的代表英国，在选举初期也存在着贿选的现象。布勒德在《英国宪政史谭》一书中在分析英国选举权时指出，在 1832 年以前，因财产限制严格，选民数量极少，"凡少数有关系之人，欲求起超越对敌之胜利，无不思所以重贿以购买之，各党均有此种大规模之贿选举动"❷。直到 1832 年选举制度改革以后才有所改善，"因新选举人之增加过多，其中大都包含工商界中人，致使旧时之地产家反形衰落，其全部影响并未感觉以前自须经过相当时期，但旧时控制英国之数家族，其势力日渐

---

❶ 任寅虎，张振宝. 古代雅典民主政治［M］. 北京：商务印书馆，1983：30.
❷ S. 李德·布德勒. 英国宪政史谭［M］. 陈世第，译. 北京：中国政法大学出版社，2003：135.

式微，而从前国会议员选举之腐化情形亦逐渐减少，故议员之人数亦于逐渐中更易矣"❶。

二、贿选发生的理论分析

有选举的地方就有发生贿选的可能，贿选是选举难以避免的现象。一方面，选举权具有可转移的属性，选举权表面上具有人身属性，只能由选举权人自己行使，但是实质上它是一种可转移的权利；另一方面，选举人往往难以界定和认识贿选行为，往往很难充分意识到接受贿选的危害，甚至候选人自身也可能未真正意识到贿选的危害。

（一）选举权具有可以出卖的属性

选举权具有可转移的属性。选举权表面上具有人身属性，只能由选举权人自己行使，但是实质上它是一种可转移的权利。尽管形式上只能由选举权人依照自己的意志行使，但当选举人的意志被不当影响时，选举人会依照他人的意志行使选举权。表面上由选举人自我行使的选举权实质上已经被转移。选举权具有可转移的属性。

选举权具有稀缺的属性。在贿选中，候选人购买选举人的选票，购买是一种交易行为，交易成功基于双方的合意。当然选票作为交易的标的，也必须基于选票的价值。选票是稀缺的，能够

---

❶ S. 李德·布德勒. 英国宪政史谭 [M]. 陈世第，译. 北京：中国政法大学出版社，2003：136－137.

起着配置公共物品的重要作用，具有重要的价值，因此对选票的争夺成为利益集团或政治家的头等大事。当选举权兼具可转移、稀缺的属性，选举权就有了可出卖的属性。选举创造了有价值的选举权和选票，为贿选创造了条件；假如没有选举，就没有选举权和选票，也就不会有贿选。

（二）贿选与人情来往有时候难以区分

有些行为与直接买卖选票行为有区分，不能被认定为直接买卖选票，但是往往可能起到与直接买卖选票同样的效果。正如我国《民政部关于做好 2005 年村民委员会换届选举工作的通知》中指出的："要认真研究和区分一般人情往来、候选人捐助公益事业以及承诺经济担保等法律未明确禁止的行为，与直接买卖选票行为的不同。"比如，人情来往在贿选行为与人情往来之间难以找到绝对区分的界限，而人情往来和贿选行为能起到同样的左右选举人投票的作用。

政治献金也类似。政治献金原本是公民行使政治权利的一种表现，公民可以用政治献金的方式表达对其认可的候选人或者政党的支持。而且，"政治献金"制度历史悠久，其初衷是为了协调"经济不平等"和"政治平等"理想之间的矛盾，规定政治活动参与者可以向企业和社会募捐，避免政治成为富人的游戏，使公权力落入大企业和大富豪之手。❶ 政治献金并不是不公平的来源，恰恰是选举中的竞选自带的不公平属性，导致普通人因缺

---

❶ 薛磊. 政治献金的今与昔［J］. 时事报告，2010（12）.

少财富，难以通过包装自己而发挥影响力。不是政治献金导致不公平，而恰恰是政治献金在拯救公平。但是政治献金也可能构成政治贿赂，可能造成公民与候选人之间的不正当交易。不正当的政治贿赂与正当的政治献金，难以找到绝对的具有信服力的区分标准。

贿选和政治贿赂，都是利用了原本正当的行为，贿选会选择假借人情往来的名义和方式，政治贿赂会假借政治献金的名义和方式，在形式上，只要方式得当，贿选行为与人情往来、政治贿赂和政治献金之间难以找到绝对的区分标准和具有信服力的标准。因此，选举人往往难以界定和认识贿选行为，很难充分意识到接受贿选的危害，甚至候选人自身也可能未真正意识到贿选的危害。

第三节　贿选不仅仅是制裁不力的问题

在形式逻辑上，"未能阻止"是发生的必要条件，"能够发生"也是"发生"的必要条件，"未能阻止"和"能够发生"共同构成了"发生"的充分条件。虽然"能够发生"较"未能阻止"有着逻辑上的先在地位，没有"能够发生"就不会有阻止的概念，但是"未能阻止"与"能够发生"对于"发生"具有同样不可或缺的重要性。违法行为未能被阻止是违法行为能够发生的一个必要条件，违法行为被阻止自然就不会发生违法行为，违法行为发生自然也意味着未能被阻止。因此，将违法行为的发生归因于未能阻止并非一种误解。也就是说，制裁不力确实是贿选发生的条件，但是这种条件只是逻辑上的条件，在事实上并不是一种实在条件，而且制裁不力是消极条件，不是积极条件。积极条件才是贿选发生的实质原因，贿选的发生实质上并不是源于制裁不力，而是选举提供了贿选发生的条件。选举是发生贿选的土壤，没有选举就没有贿选，有选举就有发生贿选的可能。

即便有法律制裁也会存在违法。违法本身并不能通过制裁被完全消灭，正是违法发生的可能性的存在，以及违法确实会发生，制裁才有存在的意义。哈特认为："没有任何规则能够保证不被违犯或拒绝；因为对人类来讲，去违犯或拒绝它们，在心理学上或物理学上从来就不是不可能的；而且如果在足够长的时间中有足够的人做，规则就会不再存在。"❶ 进一步说，是选举，而不是制裁不力，为贿选提供了产生的条件，因此，贿选不仅仅是制裁不力的问题。

一、罗马共和国对制裁的过度依赖

在罗马共和国，贿选不是个案，而是贿选成风。据史料记载，罗马共和国那些耳熟能详的伟大人物，很多都留下了贿选的记录，包括屋大维、克拉苏、西塞罗、恺撒等。贿选带来了腐化，侵蚀了美德，动摇了罗马共和国政权的根基。尤其是上

---

❶ 哈特. 法律的概念 [M]. 许家馨，李冠宜，译. 北京：法律出版社，2011：133.

层人物的腐化，对罗马共和国的伤害巨大。"上层人干坏事对国家特别危险，因为他们不仅自己沉溺于邪恶勾当，而且以他们的病毒传染了整个共和国；不仅因为他们腐败了，而且因为他们还腐蚀其他人，并以他们的坏榜样而不是他们的罪孽造成了更大的伤害。"❶ 罗马共和国并没有放纵贿选的发生，也在努力地治理贿选乱象，但却选择了过度依赖制裁的方式。尽管针对选举舞弊行为（主要是指贿选），出台了众多的制裁法案，惩罚力度不断加重，然而事与愿违，选举舞弊情况仍不断地恶化。

（一）出台众多的制裁法案

贿选是选举舞弊的一种主要形式，选举舞弊主要表现为贿选。罗马人的选举理想是候选人仅靠自己的美德，不假以任何外力而胜选，所以，运用任何外力助选的行为都构成舞弊。❷ 西塞罗强调："本应靠优点来获得的东西却企图靠金钱来获得，那就很糟糕。"❸ 历史上，对于选举舞弊，罗马共和国出台了众多的禁止、制裁选举舞弊的法案。选举和民主是罗马共和国存在的根基，因此，罗马共和国对选举舞弊非常重视，并一直致力于解决选举舞弊的问题。罗马共和国从共和时期到帝制初期，至少颁布了 15 部法律来打击选举舞弊行为，而打击选举舞弊行为依靠的

---

❶ 西塞罗. 国家篇 法律篇 [M]. 沈叔平，苏力，译. 北京：商务印书馆，2001：241.

❷ 徐国栋. 罗马法选举舞弊立法研究 [J]. 广西大学学报（哲学社会科学版），2014（6）.

❸ 西塞罗. 论老年 论友谊 论责任 [M]. 徐奕春，译. 北京：商务印书馆，2004：174 – 175.

正是刑罚和制裁。

一方面，对选举舞弊行为的规范细致入微，比如，《关于选举舞弊罪的披那流斯、富流斯和波斯图缪斯法》（公元前432年）禁止候选人在自己穿的长袍以白垩擦白宣示自己的候选人的身份；《关于选举舞弊罪的法律》（公元前314年）宣布为竞选官职举行的聚会为非法；《关于晚餐的奥克尤斯法》（公元前182年）限制晚宴的参与人规模；《关于选举舞弊罪的科尔内流斯和富尔维尤斯法》（公元前179年）对节日的内容，节日期间的宴会以及舞台和竞技表演均做出了限制；《关于限制追随者数目的法比尤斯法》（约公元前66年）限制候选人追随者的数目；《关于选举舞弊罪的图流斯法》（公元前63年）禁止候选人在参选前的两年内向公众提供决斗表演，根据遗嘱进行的除外。

另一方面，以严酷的刑罚打击选举舞弊行为。比如，《关于选举舞弊罪的科尔内流斯和贝比流斯法》（公元前181年）第一次规定了能力刑，这是一种剥夺舞弊者的被选举能力的刑罚，剥夺能力限于10年。此后颁布的《关于选举舞弊的科尔内流斯法》（公元前81年）和《关于选举舞弊罪的奥勒流斯法》（公元前70年）均规定了10年的失能刑；《关于选举舞弊罪的科尔内流斯和富尔维尤斯法》（公元前179年）则对选举舞弊罪规定了死刑；《关于选举舞弊罪的图流斯法》（公元前63年）则将舞弊者的10年失能刑加重为10年的流放刑；《关于选举舞弊罪的庞培法》（公元前52年）规定剥夺贿选者贿选得到的公职，并剥夺贿选者将来的任职资格，永久流放他们，以及没收并出售被判处者的财产。该法还被赋予20年的溯及力，进一步加重了舞弊者的刑事责任，将 10 年的流放刑加重为永久流放刑，还增加了没收和出售被判处者财产的刑罚。而且，为了惩治选举舞弊罪，《关于选举舞弊罪的科尔内流斯法》（公元前 81 年）建立了惩治选举舞弊罪的常设刑事法庭。在罗马刑法史上的 11 个常设刑事法庭中，选举舞弊罪常设法庭比较特殊，因为其他法庭都是根据一个法律而设立的，也只适用一个法律，但选举舞弊罪常设刑事法庭由于规定选举的法律多，可能要适用多个法律。到最后一部关于选举舞弊的法律《关于选举舞弊罪的优流斯法》（公元前 18 年）颁布时，选举舞弊已经被限定为贿选，排除了对其他选举舞弊行为的规制。可见，经过百余年的经验总结，罗马共和国对选举舞弊的认识观念不断变化，罗马共和国也最终认识到贿选是选举舞弊中最突出的问题。❶

（二）不断加重的惩罚力度

最初，罗马共和国选举舞弊法并未规定刑罚，从未规定刑罚到规定刑罚，再到将刑罚不断加重的过程可以看出，选举舞弊的问题是越来越严重的，而且刑罚和制裁似乎对防范选举舞弊行为的发生从来没有起到理想的作用，才会导致不断地制定新的法律。"为了防止投票的舞弊与交易，还制定过种种禁令，而其数目之多却正好表明了它们的无效。"❷ 到了罗马共和国末期，罗马人常常不得不乞援于种种非常规的权宜手段来补救法律的不足

---

❶ 徐国栋. 罗马选举舞弊立法研究［J］. 广西大学学报（哲学社会科学版），2014（6）.

❷ 卢梭. 社会契约论［M］. 何兆武，译. 北京：商务印书馆，2003：155.

了。有时候，他们假托神迹，然而这种办法只能欺骗人民，却不能欺骗统治人民的人；有时候，趁候选人还没有来得及进行阴谋活动之前，就突然召集一次大会；有时候，因为看出人民已被人争取过去要参与为非作歹的一方了，于是就一味空谈，把整个议程都消磨掉。❶

《关于选举舞弊罪的科尔内流斯和富尔维尤斯法》（公元前179年）虽然对选举舞弊罪规定了死刑，将选举舞弊的刑罚提升到了最严苛的程度，但后续颁布的关于选举舞弊的法律，就不再有对选举舞弊者处于死刑的规定。由此可以得出两点结论：第一，死刑并没有有效防范选举舞弊行为的发生；第二，经验表明，对于选举舞弊行为并不适合用于死刑。进一步总结，还可以得出两个结论：第一，选举舞弊难以通过制裁和刑罚被控制，选举舞弊发生的原因实则与制裁和刑罚并没有太大联系；第二，制裁和刑罚并不是万能的，而且通过加重制裁和刑罚的严苛程度并非总能解决问题，制裁不是解决贿选问题的充分而有效的手段。

（三）愈加恶化的选举状况

事实证明也是如此，尽管在罗马共和国后期对选举舞弊（贿选）的刑罚愈加严苛，但选举舞弊问题则呈现出愈加严重的趋势，当然，正因为如此，才使得对选举舞弊的刑罚愈发严苛。到了罗马共和国后期，"行政长官的选举是利用金钱，利用政党斗争，利用不正当的热忱，利用石头，甚至利用刀剑来取得的。贿

---

❶ 卢梭. 社会契约论［M］. 何兆武，译. 北京：商务印书馆，2003：155.

赂和腐败最无耻地流行着。以恺撒为例，他在政治上的发迹无不与贿选密切相关，他为了追求荣誉，不惜钱财，即使耗尽其家产也在所不惜。"❶ 公元前 63 年，恺撒当选大祭司长，他在竞选中使用最慷慨的贿赂，为此而欠下无数债务。结果他决定性地击败了两个最强有力对手（对方在年龄和地位方面远远超过他），他在对方的部落里得到的票数超过了对方在所有部落里得到的票数的总和。❷ 除了恺撒，其他在世界历史上留名的古罗马政治家要想赢得选举几乎无不采取依赖贿选和讨好选举人的方式。"克拉苏对于陌生人却是慷慨大方的，他的家对所有人都敞开大门……他款待宾客，邀请的大部分都是平民百姓，进餐的礼节简单朴素，干净利落，再加上好酒好菜，反而比豪华的宴会更加让人感到愉快。"❸ "克拉苏举办了一次为赫丘利神的献祭，摆了一百桌酒席，大宴公民，并给予他们三个月的粮食作为补贴。"❹ 屋大维也慷慨施与，竭力获得公民欢心。"屋大维想争取群众到他自己一边来，把他从拍卖他的财产所得来的金钱轮流分配给各部落的首领，要他们把金钱分给那些最早来的人。"❺ 而留下法学经典著作《国家篇 法律篇》的伟大法学家西塞罗也曾经说过："我们有时也应该送钱，这种慷慨也不要完全杜绝。"❻ 除政治家

---

❶ 阿庇安. 罗马史：上卷 [M]. 谢德风，译. 北京：商务印书馆，1997：104.

❷ 苏维托尼乌斯. 罗马十二帝王传 [M]. 张竹明，王乃新，等译. 北京：商务印书馆，1995：7.

❸ 普鲁塔克. 希腊罗马名人传 [M]. 陆永庭，等译. 北京：商务印书馆，1990：579.

❹ 同❸：591.

❺ 阿庇安. 罗马史：下卷 [M]. 谢德风，译. 北京：商务印书馆，1976：251.

❻ 西塞罗. 西塞罗三论 [M]. 徐奕春，译. 北京：团结出版社，2006：245.

大肆贿选外，还出现了专门靠出卖选票为生的选举人。

控制、治理贿选是否有效是多方面因素共同发挥作用的结果。也就是说，罗马出台众多选举舞弊法案并试图通过加重刑罚的方式去解决选举舞弊（尤其是贿选）问题没能达到理想的目的，其问题并不一定在于制裁本身。然而，罗马共和国百余年来不断加重刑罚，但选举舞弊（尤其是贿选）却愈演愈烈的历史也说明制裁对于贿选问题难以起到完全有效的作用，但也不能否认制裁的作用，如果没有制裁的存在，贿选的情况必将更加严重。可见，要治理贿选，就要考虑更多因素，而不仅仅只是依赖制裁，制裁不是治理贿选完全有效的手段，但制裁又是控制和治理贿选不可或缺的手段。

二、治理贿选不能过度依赖制裁

尽管有选举的地方就有发生贿选的可能，贿选是选举难以避免的现象，但是贿选又是选举中可以控制的现象。英国早期选举的经验就表明，贿选是可以被有效控制的。尽管治理贿选不能完全依赖制裁，但是制裁对于治理贿选仍然是不可或缺的，制裁能够发挥控制贿选的作用。对于控制和治理贿选，选举的制度完善才是根本出路。

（一）英国早期选举的经验与启示

在英国早期的选举中贿选横行。尽管法律规定了选举自由，但是选举实际上被土地贵族所控制。土地贵族将土地分割，分给农民耕种，这样一来，农民虽然由于符合选举人的条件而获得选举权，但是也要依据贵族的意志投票。如果选举人依照贵族的意志投票，就能领取一定的款项或者其他好处，否则就可能被收回土地，或者增加赋役。实际上这也是一种贿选的形式，尽管这种贿选行为是与胁迫相结合的。1872 年，英国下院通过了秘密投票法，在秘密投票以及选举人数量增加的情形下，胁迫不再能发挥作用了，然而，候选人拉选票、宴请等贿选形式依旧普遍存在。很多选举人看谁出价高就给谁投票，假如没有好处，他们就不会投票。

1883 年，《选举舞弊和非法行为禁令》通过，这一法律最大限度地减少了选举中的贿赂、威胁和冒名顶替等不当行为。1884 年颁布的《人民代表法》，使得选举人群体进一步扩大。这两项举措大大减少了英国选举中的贿选现象。英国早期选举的经验表明，贿选是选举中可以控制的现象。其实，贿选不仅仅发生在英国早期选举中，美国早期选举中也存在贿选，甚至连曾任美国总统的华盛顿都存在贿选的行为。"在 1758 年，华盛顿竞选弗吉尼亚殖民议会下院席位时，用总共 160 加仑的朗姆酒、葡萄酒、啤酒和苹果酒招待了 391 名选民及其附庸者。"❶

（二）制裁确实能够发挥控制作用

"禁止贿选的法律，是众多与选举有关的法律中最毫无争议

---

❶ Frederic C. S. Why Study Vote Buying［M］//Frederic Charles Schaffer. Election for Sale: The Causes and Consequences of Vote Buying. Boulder Colorado: Lynne Rienner Publisher, 2007.

的。"❶ 虽然罗马共和国的选举历史展现出一幅制裁越来越严厉但贿选问题越来越严重的图景，但是这并不能说明是制裁导致贿选问题越来越严重。事实上，假如没有制裁，那么贿选问题会更加严重。制裁对贿选能够起到控制作用，只是并不如人们期望的那样的理想效果。制裁对贿选的控制也说明，贿选是选举中可以控制的现象。

针对贿选，制裁能够发挥三种主要作用，即预防、矫正和警戒。第一，制裁针对行为人施加压力，使行为人产生畏惧的情绪和心理，迫使行为人不敢轻易尝试以贿选的方式参与选举竞争；第二，制裁能够打击正在进行的贿选行为，防止贿选行为继续发展，防止选举秩序被进一步破坏；第三，通过对贿选行为人施加制裁，能够使后来者引以为戒，不能触犯法律来尝试贿选行为，应依法行使被选举权。因此，针对贿选，制裁确实能够发挥一定的控制作用，但是制裁的控制作用有限，并不能完全依赖制裁去控制贿选。

（三）选举制度的完善是根本出路

选举是贿选发生的条件，没有选举就没有贿选。选举为贿选的产生创造了形式条件和存在基础。相应地，完善选举的制度，对贿选发生的形式条件作出改善，或者进行制约，贿选就会得到控制。正如英国早期选举经验所启示的，秘密投票可以解决胁迫选举问题，扩大选举有助于控制贿选。也就是说，通过选举制度

---

❶ Richard L. H. Vote buying [J]. California Law Review, 2000, 88 (5).

的完善可以控制和制约贿选，完善选举制度是治理贿选的根本出路。

具体来说，完善选举制度是治理贿选的根本出路，主要体现在两个方面：第一，选举本身是实体性的制度设计，选举行为都是在选举制度安排的框架内进行的，选择什么样的选举行为不可能不考虑选举制度的安排，有什么样的实体性制度设计，就可能有什么样的选举行为发生，完善的制度设计能够事先防止贿选发生；第二，选举本身也是程序性的制度设计，从报名、资格审核、候选人产生等选举环节出发，通过严密的程序设计，能够压缩贿选的操作空间。

第二章　完善制度是治理贿选的根本路径

　　法律规范由假定条件、行为模式和法律后果构成。法律后果既包括否定性法律后果又包括肯定性法律后果。而作为否定性法律后果的制裁是法律必不可少的保障手段。由国家强制力保障的制裁（下文中提及的制裁统指国家强制力保障的制裁），是法律规范区分于其他规范，如道德规范的主要特征。制裁是法律的一种手段，正是通过制裁保障行为模式被遵守，普通规范才能够上升为法律规范。制裁是法律发挥作用的一种显性表现，遵守行为模式是法律发挥作用的一种隐性表现。确保人们守法，也就是确保人们遵守行为模式，是法律的根本目的，通过制裁的恐吓、压制功能来惩罚、制裁违法行为人，能够使人们不敢违反法律。违法应当被惩罚、制裁，制裁违法行为人是制裁的直接目的。但是制裁违法行为人不是制裁的根本目的，制裁的根本目的是与法律的根本目的一致的，都是使人们遵守行为模式。由于制裁存在局限性，不能过于依赖制裁迫使人们守法。当然，要使人们守法，制裁必不可少。但是，使人们守法的根本路径在于完善制度。

第一节　遵守法律的两种理由

正如哈特所言："在任何时刻，任何依照规则（无论是不是法律的规则）运转的社会生活，皆可能处于以下两种不同类型的人所构成的紧张关系中，一方面，有一种人接受规则并自愿合作以维持规则，并愿从规则的角度来看待他们自己和他人的行为；另一方面，则是那些拒绝规则的人，他们从外在观点来看待规则，而将之视为惩罚可能发生的征兆。"[1] 人们遵守法律有两种理由，要么是对法律的接受，也就是对行为模式的接受；要么是害怕制裁。接受行为模式，意味着行为模式本身具有较强的规范作用；害怕制裁而遵守法律，意味着制裁也有规范作用。

一、接受行为模式而遵守法律

接受行为模式意味着人们倾向于并往往会依照行为模式行事。在接受行为模式的前提下，人们倾向于遵守行为模式是常态，人们倾向于违反行为模式是例外。通过接受行为模式而遵守法律意味着人们遵守法律并不是因为害怕制裁的存在。

当行为模式被接受，人们就会有遵守行为模式的倾向，进一步说，即便没有法律规范对行为模式的确立，人们往往也会按照

---

[1]　哈特. 法律的概念 ［M］. 许家馨、李冠宜，译. 北京：法律出版社，2011：82.

行为模式去做。也就是说，人们遵守行为模式并不源于法律规范，更准确地说，并不源于否定性行为模式的法律规范，比如盗窃，即便法律没有禁止盗窃，大多数人也不会去盗窃；再比如交税，人们交税确实源于法律对税收的规定，但是大部分人交税并不源于法律对逃税的禁止。事实上，人们守法或者违法往往并不会考虑法律的规定，毕竟大多数人并不真正了解法律内容，人们的行为往往依赖的是朴素的经验和价值判断。正如哈特所言："现代社会的实况无疑是：一般公民有很大一部分（或许是多数），对于法律的结构，或其效力之判准，根本没有概念。他所遵守的许多特定的、个别的法律条文，对他而言，可能只是笼统的'法律'一词而已。"❶ 简而言之，在人们接受行为模式的背景下，不管有没有法律的禁止性规定，人们大多都会倾向于做出合法行为。人们没有做出违法行为并不是因为法律的禁止，更不会是因为害怕法律的制裁。

　　人们接受行为模式有可能是源于法律的规定，但更多时候人们接受并遵守行为模式并不是受法律的影响。甚至，大多数人并不真正了解法律内容，人们决定如何行事往往并不会考虑法律的规定。"人类之遵循规则，主要根植于情感，并不依靠理性过程。……一般情况下，情绪化的反应却是理性的正确答复。"❷ 因此，法律规范的行为模式被人们接受能够保障人们普遍倾向于

---

❶　哈特. 法律的概念［M］. 许家馨，李冠宜，译. 北京：法律出版社，2011：104.

❷　弗朗西斯·福山. 政治秩序的起源：从前人类时代到法国大革命［M］. 毛俊杰，译. 桂林：广西师范大学出版社，2014：42.

守法，依靠行为模式被人们接受而非依靠行为模式本身来保障人们守法，然而行为模式被人们接受并不是立法可以创造的，如何使人们接受行为模式是立法发现的，这就意味着并不是通过法律手段推动人们遵守某种行为模式，而是通过法律对人们接受行为模式的理由的发现和确认，从而进一步保障人们遵守行为模式。

二、害怕制裁而不敢违反法律

因害怕制裁而不敢违反法律是将普通规范上升为法律规范，将制裁手段引入规范之中的原因。行为人违反法律，就可能招致法律的制裁。单独地看制裁，制裁实质上是一种恶，制裁会对行为人造成伤害。对于伤害的恐惧，对于制裁的害怕，基于对违法成本的计算，制裁成为行为人不敢违反法律的重要原因。而且正是因为有了制裁手段，法律才能被称为法律。

制裁是法律发挥作用的唯一可见的方式，以致人们总是误解法律是一种制裁工具。虽然法律不是制裁的工具，但是制裁确是法律发挥规范作用的工具。面对违法的倾向，缺失制裁的手段，纯粹的道德规范和纯粹的行为模式要求是无能为力的。制裁不能确保人们一定会遵守法律，但是没有制裁，或者制裁不能落实，那么一定会有更多的人违反法律。

不管是因为接受行为模式而遵守法律，抑或是害怕制裁而不得不遵守法律，都要依照行为模式的要求去做，人们的行为都应处于规范之中。当然，前者是行为模式在发挥规范作用，后者则是制裁在发挥规范作用。换言之，接受行为模式而遵守法律，是行为模式的规范作用的结果；害怕制裁而不得不遵守法律，是制裁的规范作用的结果。当然，行为模式的规范作用，并不要求人们一定明确知道法律的行为模式的内容。行为模式的规范作用，既包括人们知道法律这么规定而遵守法律，也包括人们并不知道法律这么规定，但是却一直按照行为模式的规定在遵守法律，也就是说，在不知道法律的情况下遵守法律。

第二节 制裁的规范作用分析

法律（行为模式）的目的以及制裁的目的，都不是仅仅为了制裁、惩罚违法行为人。惩罚违法行为人只是直接目的，法律的根本目的是保证人们遵守法律从而维持法律秩序；制裁、惩罚行为人的目的是使人们不敢违反法律从而维持社会秩序。行为模式和制裁都能规范人们的行为以便维持社会秩序，行为模式和制裁都具有规范作用。只是行为模式以正面的方式，要求人们遵守法律的方式发挥规范作用；而制裁则以反面的方式，要求人们不得违反法律的方式发挥规范作用。

防止人们违法，制裁发挥规范作用有两种方式，即恐吓、压制的方式和消除不当影响的方式。前一种指的是制裁的规定，后一种指的是制裁的实施。一方面，制裁可以通过恐吓和压制的方式，迫使人们因担心招致惩罚而不敢违法；另一方面，对违法行为人进行制裁，保证违法行为人会被制裁，防止不制裁违法行为人会带来不当影响，使得违法行为被效仿。总之，制裁的目的不仅是惩罚违法行为人和针对已经发生的行为，更重要的是针对可能发生的行为。防范违法的发生才是规范本质作用的体现，严格来说，制裁已经发生的行为只是规范的直接作用。

一、制裁的规范作用的必要性

人们遵守法律有两种理由，一种是对法律的接受，也就是对行为模式的接受，另一种则是害怕制裁。也就是说，要么是行为模式的规范作用发挥了效力，要么是制裁的规范作用发挥了效力。而当人们接受行为模式的时候，即便没有制裁，人们也会遵守行为模式。制裁在什么时候发挥规范作用呢？在人们不接受行为模式时，不会因为行为模式本身而遵守行为模式，只是畏惧制裁而不得不遵守行为模式的时候制裁就会发挥规范作用。换言之，需要制裁发挥规范作用的前提，也就是制裁的规范作用存在的必要性前提，就是行为模式的规范性作用不足，需要制裁的规范作用来补充行为模式的规范作用的不足。

（一）行为模式的规范作用不足

接受行为模式，既能表现为抽象的对行为模式的接受，认为行为模式应当被人们普遍遵守，又能表现为具体的对行为模式的接受，认为个人应当接受行为模式，并遵守行为模式。当然，认为个人应当遵守行为模式，必然会认为人们应当普遍遵守行为模式；没人会认为只需要自己遵守行为模式即可，但相反便不具有必然的联系，认为人们应当普遍遵守行为模式并不必然认为个人自身也应当遵守行为模式。而接受行为模式的最初形态，一定是抽象的正当性和具体的接受行为模式并存的状态，只有每个人都认为自己应当这么做，才会形成人们普遍应当这么做的观念。然而，认为人们应当普遍遵守行为模式的观念不容易变化，而个人是否应当遵守行为模式的观念容易受到外界的影响而发生变化，就有可能出现认为人们普遍应当遵守行为模式，而自身未必应当遵守行为模式的情况。换言之，这种正当性并不能保证个人遵守行为模式的应当性。

进一步说，即便个人也认为自身应当遵守行为模式，但是这种遵守行为模式的情形并不能确保人们"知行合一"而在事实上也能够遵守行为模式。人们是否遵守行为模式，对行为模式的价值评价只是一个考虑因素，尽管当人们认为"应当"遵守行为模式时，遵从良知和内心确信往往并不会去考虑和计较得失，但正当性条件下的"应当"是超越理性得失的。然而"应当"的规范强度毕竟达不到"必须"的规范强度，而且"必须"的状态也未必一定会转化为"事实"的状态，当人们主动或者被影响而开始考虑和计算利益得失的时候，价值评价往往屈从于理性计算。当然，行为人并不认为自身应当遵守行为模式更是如此。事实上，人们违法并非表示其对行为模式不接受，恰恰相反，大多数违法行为人实则都接受行为模式，甚至于违法行为本身也表明行为人接受行为模式，"犯罪者往往甚至通过他的犯罪行为来表示他对所违反的法律的承认：小偷损害别人的财产，为了证明那是自己的财产，这样他在原则上就承认了关于财产的法律，因此，他也就必然承认了所有保护财产的必要措施，也就是他的刑事当罚性；证件伪造者需要使伪造证件获得被其伪造行为所动摇的公众信任，这样，他也承认了他所损害的法益，因此，他也就必然承认了他所破坏的法律保护内容"。❶ 尽管接受行为模式带来的守法倾向并不能保障人们一定会守法，然而行为模式缺失被接受而带来的普遍违法倾向则会发生普遍违法的可能性。

接受行为模式并不足以阻止部分人们不违法。一方面，认为人们应当普遍遵守行为模式并不意味着个人也认为自身也应当遵守行为模式；另一方面，个人的价值评价经常屈从于理性计算。简而言之，接受行为模式能够保障普遍守法，但不能阻止部分违法。可见，要想达到普遍守法，接受行为模式不可或缺，寄希望于接受行为模式之外寻求普遍守法的基础几乎可以说是不可能的。当然，接受行为模式存在局限，接受行为模式不能保证绝对地遵守行为模式，对接受行为模式的局限的补充方式是制裁。

接受行为模式尚不能确保一定会守法，那么在拒绝接受行为模式的情况下，违法的情况会更加严重。总之，行为模式本身并不能确保被遵守，当然这也是法律产生的原因，如果不需要制裁，人们还能够遵守行为模式，就不需要法律了，道德规范、习惯规范足矣。进一步说，行为模式本身不仅不能确保被遵守，还可以预见到行为模式往往处于被违反的环境下，正是因为有违反才有必要确立规范。

❶ 拉德布鲁赫. 法哲学［M］. 王朴，译. 北京：法律出版社，2005：83.

（二）行为模式的规范作用不足时需要制裁

行为模式本身就是一种规范，是一种区分于制裁的规范。行为模式总是处于可能会被违反的背景下，行为模式的规范作用是有限的。当行为模式的规范作用不足，并不足以规范人们的行为且到一定的程度时，那么就需要另外一种规范力量的产生，以弥补行为模式规范作用的不足。这种形式的规范力量，就来源于制裁，制裁和行为模式一样都具有规范作用。一方面，行为模式在规范不足的情况下会产生制裁的需要；另一方面，制裁和行为模式都是一种规范，都能规范人们的行为。同样作为规范，制裁确实能够有助于行为模式被遵守。

行为模式的规范作用不足会有两种情况，其一，人们接受行为模式，有遵守行为模式的倾向，但是实际上并没有遵守行为模式；其二，人们拒绝接受行为模式，有违反行为模式的倾向。虽然这两种情况都是行为模式规范不足的情况，但严格来说，前者属于行为模式的规范作用的局限，后者则属于行为模式的规范作用的缺失。接受行为模式而不遵守行为模式的原因，在于违法能够获益。违法能够获益在于对违法行为没有进行合理的制裁，导致产生了不良的引导作用，长此以往，人们对行为模式的态度可能从接受转变为拒绝接受。在这种情况下，制裁的作用在于消除违法行为的不当影响，制裁发挥的作用就是直接针对违法行为人进行制裁，这是事实的制裁。拒绝接受行为模式而违反行为模式，那么只能通过制裁的恐吓和压制功能进行规范。制裁的可能性使得人们虽然不接受行为模式但又不得不遵守行为模式。

二、制裁的规范作用的有效性

制裁是如何发挥规范作用使人们能够按照法律规范的行为模式去作为的呢？制裁发挥规范作用有两种方式，这两种方式存在于两种不同的背景下。在行为模式的规范作用有局限的背景下，制裁主要通过消除"不制裁违法行为人"带来的不当影响来保障人们因接受行为模式而遵守行为模式的普遍守法环境不受污染；在行为模式的规范作用缺失（或者不考虑行为模式自带的规范作用）的背景下，制裁主要通过发挥其恐吓和压制作用，使人们不敢违反行为模式，人们只能被迫选择遵守行为模式。

（一）制裁弥补行为模式规范作用的局限

这里说的行为模式规范作用的局限，不是指行为模式规范作用的程度不足，而是指行为模式的规范作用在形式上就是有局限的。尽管行为模式可能具有足够的规范作用，但是这种规范作用也不能保证每个人都能遵守行为模式。人们接受行为模式就会有遵守行为模式的倾向，但是这种倾向并不足以保证人们在事实上也一定遵守行为模式。即使行为模式被接受，行为模式的规范作用也会存在局限，在这种情况下，制裁的规范作用就是对行为模式规范作用的局限的补充。制裁规范体现出的"应当"，就是弥补接受行为模式而遵守行为的"应当"的局限。对于接受行为模式，行为模式的规范作用仍然不足的具体原因如下。

行为模式具有规范作用，人们就有遵守行为模式的倾向。如果不能合理地制裁违法行为人，在他人因违法而获利时，甚至"劣币驱逐良币"的情形下，在违法趋于普遍的情形下，人们难免会质疑自己的内心确信，会反思和质疑是否还应当像以前那样必须遵守行为模式，行为模式的规范作用就会因此受到侵蚀，正如弗里德曼举过的一个例子："设想一间房间挂着很大的'不准吸烟'的牌子，一个人走进来看见几个人在抽烟，他也就抽了。他得到暗示，知道有关吸烟的规则并没真正被执行，规则未被执行时，其威胁和合法性都削弱了。"❶ 而且，行为模式具有规范作用，这种表述是抽象的表述，行为模式的规范作用不意味着对每个具体的个人都会有规范作用。正是因为存在有人不接受行为模式，所以行为模式不具有绝对的规范作用，规范和行为模式因此才有被确立、被强调的意义。假如每个人都遵守规范就不需要规范，规范的要求是被普遍地遵守，而不是被全部的人遵守。虽然规范的目的是追求每个人都能够遵守行为模式，但是规范存在的意义恰恰不是每个人都能够遵守行为模式，而是一定会有人在违反行为模式。对于具体的个人，行为模式的规范作用只是个人选择如何行事的一个因素，即便行为人接受行为模式，认为个人有遵守行为模式的必要性，也不能保证行为人不做出与行为模式相反的违法行为。行为人如何行事并不仅仅取决于其对行为模式做出的价值判断，虽然行为人接受行为模式后往往不会计较得失，但当人们开始考虑和计算利益得失的时候，价值评价往往屈从于理性计算。

---

❶ 弗里德曼. 法律制度 [M]. 李琼英，林欣，译. 北京：中国政法大学出版社，1994：110.

针对行为模式的规范作用有局限的现实，需要制裁发挥规范作用以补充行为模式的规范作用的局限。行为模式的规范作用的局限体现在两个方面：第一，行为模式的规范作用可能受到"不制裁违法行为人"的损害；第二，行为模式的规范作用只能是抽象的规范作用，是普遍的、抽象的规范作用，但是并不能对每个具体的个人都有规范作用。制裁对行为模式的规范作用的局限的补充也包括两个方面：第一，制裁违法行为人，防止"不制裁违法行为人"会对行为模式的规范作用造成侵蚀；第二，制裁仍能发挥恐吓和压制作用，防止具体个人违反法律，保障行为模式的规范作用。在行为模式仅仅只是存在于规范作用不足的前提下，对前一个局限的补充的重要性大于对第二个局限的补充的重要性。虽然，在行为模式仅仅只是存在于规范作用的局限的前提下，人们普遍会受到行为模式的规范作用而守法，人们普遍守法并不受制裁的恐吓和压制作用的影响。但是，一方面，并不能否认制裁的恐吓和压制作用的存在，制裁天生带有恐吓和压制作用；另一方面，恐吓和压制事实上确实在发挥作用，用于防止对行为模式的价值评价屈从于理性的计算。对行为模式的规范作用的不足进行补充的两种制裁是不一样的制裁，前者是制裁的实施，后者是制裁的规定。

（二）制裁替代行为模式缺失的规范作用

行为模式具有规范作用，但是规范作用本身并不足以保障每个人都能遵守规范，在行为模式规范作用失灵的情形下，人们会不接受行为模式。在行为模式具有规范作用的情形下，即便没有制裁规范，只要没有外在的不当引导，人们也会普遍遵守行为模式。而在行为模式缺失规范作用的情形下，如果没有其他规范力量，人们普遍不遵守行为模式。

在行为模式缺失规范作用的情形下，这里所说的缺失规范作用是指行为模式本身不具有规范作用，人们并不认为行为模式应当受到普遍遵守，行为上也不会遵守行为模式。那么，制裁发挥规范作用的实质是对行为模式规范作用的替代。因此，只能以制裁的恐吓和压制作用替代行为模式缺失的规范作用，以便用迫使人们遵守行为的模式替代人们自愿遵守行为的模式。

关于制裁的规范作用对行为模式的规范作用的替代，由于行为模式的规范作用本身存在的局限需要被补充，那么这里的替代除了包括对正当性的替代，势必还得包括对替代本身的补充。制裁的规范作用除了要替代行为模式的规范作用，还得补充"制裁的规范作用替代行为模式的规范作用"的局限，正如行为模式的规范作用存在局限一样，制裁的恐吓和压制作用也存在着局限。补充行为模式的规范作用的第二种局限所需的恐吓和压制作用，正是替代行为模式的规范作用的制裁的特征。行为模式的规范作用的第一种局限也是制裁的局限，也就是说，如果不能合理制裁，那么违法行为人会侵蚀行为模式的规范作用；如果不能合理制裁，那么违法行为人会对制裁的恐吓和压制能力造成侵蚀。替代行为模式的规范作用的制裁与补充"制裁替代行为模式的正当性局限"的制裁是两种不一样的制裁，前者是制裁的规定，后者是制裁的实施。

因此，制裁的规范作用有两种发挥方式：补充行为模式的规范作用的局限，以及替代行为模式的规范作用。然而，不论是在行为模式具有规范作用的背景下起补充规范作用局限的作用，还是在行为模式缺失规范作用的背景下起替代规范作用的作用，都需要两种方式的制裁一并发挥规范作用。在不同条件下，制裁的两种方式的重要程度不一样，补充行为模式的规范作用的局限，消除不当影响的作用重于恐吓和压制的作用；而替代行为模式的规范作用，恰恰相反，恐吓和压制的作用重于消除不当影响的作用。这里的"重"是指重视和依赖程度，以恐吓和压制为"重"是指更依赖恐吓和压制的作用。尽管这里的"重"是指重视和依赖，重视与重罚之间没有必然联系，然而以恐吓和压制为"重"，这种"重"往往表现为严厉、严苛的制裁，也就是重罚。依赖制裁的恐吓和压制作用，寄希望于制裁的恐吓和压制最大限度地发挥作用，单纯从制裁的角度出发，要最大限度地发挥制裁的恐吓和压制作用，只能加重制裁的恐吓和压制程度。但凡希望发挥消除影响的作用的制裁以适宜为准，但凡希望发挥恐吓和压迫作用的制裁以严苛为准。

尽管法律的行为模式往往具有规范作用，但对制裁的设定应当遵守以消除不当影响的作用重于恐吓和压制作用为标准。然而，行为模式的规范作用并不是以一种要么全有、要么全无的方式存在，而是以一定程度的方式存在。行为模式的规范作用在少数的环境下也会缺失，不能忽略恐吓和压制作用应当重于消除不当影响作用的情形。因此，应当理性地看待制裁的恐吓和压制作用，不管在什么情形下，制裁的恐吓和压制作用都不可或缺，尤其是在正当性缺失的少数环境下，制裁的恐吓和压制作用都更为重要。但是仍然要坚持制裁更重要的作用在于消除不当影响，制裁的严厉程度以适宜为准，应谨慎看待严苛的制裁。

两种情况下制裁行为人的目的都不在于已发生的违法行为，不在于惩罚行为人本身，惩罚行为人只是手段，而在于惩罚行为人所带来的影响。虽然防止违法和保障守法在形式上可以殊途同归，但在形式上，防止违法就能保障守法，保障守法就能防止违法，在形式上保障守法和防止违法可以混同适用。然而，保障守法主要依靠的是行为模式本身的规范作用，制裁的规范作用则起次要作用。而发挥直接作用的制裁指的是动态的制裁，制裁的要求要为制裁行为人服务；防止违法，依靠的是制裁的恐吓和压制，发挥直接作用的制裁指的是静态的制裁，制裁行为人为制裁的要求服务。保障守法和制裁违法适用于不一样的前提条件，通过制裁发挥规范作用的内在机制也完全不一样，前者因为发生了违法行为而发挥制裁的规范作用，后者始终发挥制裁的规范作用而不是因为发生了违法行为。行为模式的规范作用的缺失（或者不考虑行为模式本身的规范作用）使得法律规范被视为制裁规范，法律只能依赖恐吓和压制来保障人们遵守行为模式。

三、制裁的规范作用的局限性

面对违法问题，制裁必不可少，制裁确实能够发挥治理违法问题的作用。然而，过度依赖制裁治理违法问题并不是明智的选择，制裁的规范作用本身也存在着局限性。制裁并不是法律规范的根本目的，法律规范的根本目的是使人们遵守行为模式。制裁的根本目的也是促使人们遵守行为模式，制裁是保障法律规范（行为模式）被遵守的手段。制裁是一种不能过度使用的恶，并不是所有的违法行为都需要被制裁，而且，制裁赖以存在的恐吓和压制作用具有有限性。

（一）制裁是手段而不是根本目的

强制力保障下的制裁并非规范的必然构成要件，却是法律规范的必然构成要件，正是寄希望于用制裁手段来保障人们遵守行为模式，才将规范上升到法律规范的高度。缺失制裁往往对违反行为模式的行为无能为力，只有将行为模式上升为法律规范的行为模式，才能将违反行为模式认定为违法，而只有违反了法律才能被制裁。制裁的出现是基于不能制裁的困境，制裁是以一种手段的方式出现的。一方面，制裁具有恐吓、压迫的作用，制裁的存在使人们不敢违法；另一方面，应当制裁、惩罚违法行为人，如果不惩罚违法行为人，制裁的恐吓、压迫的功能将大打折扣。可见，惩罚违法行为人也有维系制裁的恐吓、压迫功能的作用。违法行为人应当被制裁，惩罚违法行为人也是制裁的目的，但这是制裁的直接目的，制裁的根本目的是促使人们遵守行为模式。制裁存在两种状态：第一种状态是，出现很多违法，并对违法都进行了制裁，制裁发挥了显现作用；第二种状态是，人们害怕制裁，所以很少有人违法，制裁发挥了更多的隐性作用。这两种状态究竟人们希望哪一种是制裁发挥更多作用呢？毫无疑问是后者。制裁的直接目的是惩罚违法行为人，根本目的是使人们遵守行为模式，制裁也是促使人们遵守行为模式的手段。

　　然而，人们总是习惯性地将制裁违法行为人视为法律规范的根本目的，误以为颁布法律规范的根本目的就是针对违法行为并制裁违法行为人。这主要表现为三个方面：第一，从规范上升到法律规范主要是因为不上升到法律规范就无法制裁违反行为模式的行为人，而从规范上升到法律规范主要是因为规范后附带了可以操作的制裁，也就是说，法律规范出现的原因在于制裁违法行为人，可以将法律规范出现的原因认定为"为了获得制裁违反行为模式的行为人的能力"。换言之，颁布法律规范是为了可以制裁违法行为人。第二，法律规则往往表达为以制裁为核心的规则，将法律规则表述为一种制裁规则。如《中华人民共和国刑法》第二百三十二条规定：故意杀人的，处死刑、无期徒刑或者十年以上有期徒刑；情节较轻的，处三年以上十年以下有期徒刑。第三，制裁是唯一能够被直接控制和操作的手段，而且制裁违法行为人是法律规范发挥作用的外在表现方式，是唯一可被直接感观的方式，人们能够看到的法律规范发挥的作用就是制裁违法行为人。虽然这三个方面往往使人们认为法律规范的目的就是制裁行为人，但事实上，这三个方面均不能将制裁违法行为人当作法律的目的，其原因是：第一，尽管制裁和法律规范的颁布是为了可以制裁违法行为人，然而"为了做什么"并非就是根本目的，"为了做什么"也可以是手段，而为了可以制裁违法行为人并不能说明根本目的就是制裁违法行为人。第二，尽管法律规则往往表述为一种制裁规则，是源于法律对语言简练的要求。如《中华人民共和国刑法》第二百三十二条应全面表述为：人们应当尊重他人的生命，故意杀人的……在此省略了行为模式，使法律规则往往被误解为制裁规则。第三，人们能够直接感观到的法律规范发挥的作用恰恰只是法律规范作用中的部分内容。从法律规范的不溯及既往原则可以看出法律规范的根本目的不在于制裁和制裁违法行为人。如果将法律规范的根本目的认定为制裁违法行为人，那么毋庸置疑，出台法律规范的一个目的是减少违法的发生。如果实现了消除违法的目的，那么要制裁违法行为人的目的就实现不了，这样就会存在内在的矛盾。而且，如果将法律规范的根本目的认定为制裁违法行为人，即便将所有违法行为人都消灭，仍然不能防范其他人违法。如果为了防范其他人违法，制裁违法行为人就不能是目的，而只能是手段。由此可见，制裁是法律规范的手段，法律规范的根本目的在于行为模式，法律规范的根本目的不在于制裁，法律规范的根本目的更不在于制裁违法行为人。

（二）制裁实质上是一种恶

惩罚是制裁实施的结果，惩罚是制裁的动态表现，制裁的实施表现为惩罚，制裁有效性则体现在能够转化为惩罚，不能实施惩罚就没有制裁。但是惩罚毕竟是一种伤害，其实质上是一种恶，正如奥斯丁所说："一个惩罚，作为一个孤立的事实，是一种恶。因为，施加在犯罪分子身上的痛苦，等于是增加了社会罪恶的持续谬误。"❶ 尽管孤立地看惩罚是一种应当被摒弃的恶，但惩罚这种恶对于维护社会秩序来说却是必不可少的，从维护社

---

❶ 约翰·奥斯丁. 法理学的范围［M］. 刘星，译. 北京：中国法制出版社，2002：51.

会秩序的角度评价，这种恶也可以被视为一种善。正如奥斯丁所说："但是，如果将惩罚犯罪分子，看作是社会制度的一个组成部分，惩罚就是有用的，甚至是一种慈善的表现。毕竟，正是依赖普遍性的惩罚制度，成千上万的犯罪行为才能得以遏止。"❶一方面，惩罚作为一种恶，必然会带来一系列的其他社会隐患和问题，越重的惩罚就往往会带来越严重的其他社会隐患和问题；另一方面，即便惩罚可以被视为一种善，但是这种善的实质却是将社会秩序的要求转嫁到违法行为人的身上，惩罚的内容与严重程度源于社会秩序的要求，而不是源于违法行为。即便强调惩罚的内容应与违法行为相匹配，但是二者之间没有必然的联系，这就会造成惩罚与行为之间脱节。违法行为人承担的惩罚责任虽然是由其违法行为引起的，惩罚责任的认定也依据其违法行为，但是惩罚责任实际上并不源于惩罚其行为的要求，而源于秩序的要求。如前所述，法律规范和制裁的目的都不在于制裁违法行为人，违法行为人承担社会秩序要求的惩罚责任不具有形式合理性，而且会带来公平的问题。同样的违法行为，所处的秩序越乱则往往会带来越严厉的惩罚，就会使违法行为人承担过度的恶。

孤立地看惩罚，惩罚会带来额外的隐患和问题，惩罚这种恶应当被摒弃，至少应当被限制使用。即便这种恶有存在的必要，但这种存在的必要是指惩罚这种形式有存在的必要，而非指惩罚的内容。即便以社会秩序的需要为准，也不能滥用惩罚，让违法行为人承担过度的恶。惩罚的恶强调对惩罚的限制，而要发挥制

---

❶　约翰·奥斯丁. 法理学的范围［M］. 刘星，译. 北京：中国法制出版社，2002：51.

裁和惩罚的作用，往往寄希望于加重制裁和惩罚的程度，两者之间存在着内在矛盾，制裁的恶局限了制裁。

（三）制裁的发挥存在困境

要依赖制裁以便确保人们能够遵守行为模式，必须有个前提，那就是违法必须有很大可能被制裁，而不是未被发现或者能够逃脱制裁。事实上，违法行为人经常并未被制裁，但绝非因为法律规范和制裁的纵容，而是因为制裁的不能。公权力资源的有限性，违法行为的隐蔽性，而且有的违法行为侵害的对象是抽象的、不特定的人，而非具体的、特定的人，进一步加深了这类违法行为的隐蔽性，这些问题都使违法难以被发现，违法行为人难以被制裁。

违法行为人不一定会被制裁，只有部分违法行为人受到制裁，换言之，行为人因做出违法行为而被制裁只是概率事件。制裁必须考虑违法行为的成本与收益的关系，而成本与概率有关，成本就是制裁内容和制裁概率相乘的结果。假设成本确定，制裁概率越小，那么制裁的严厉程度就越严重。这就意味着，将会把因概率问题而增加严厉程度的制裁转嫁到违法行为人身上。

正是因为违法行为人不一定会被制裁，所以就会产生一种"没有被抓住就是没有犯错误"❶ 的侥幸心理。过于强调制裁对于规范行为的重要性，可能会发生将正当行为的标准转换为会受到制裁和惩罚行为的标准的倾向，这样一来，人们会更加重视法

---

❶ 拉德布鲁赫. 法哲学 [M]. 王朴，译. 北京：法律出版社，2005：82.

律责任而忽略了道德责任。行为模式的正当性是以人们的道德感为基础，而制裁是以人们的理性为基础。但是人们的理性和道德观念往往是冲突的，道德观念使人们在选择一种行为时并不考虑是否理性，而只考虑内心的价值倾向。而理性着眼于是否会被制裁。强调制裁，弘扬理性在守法中的重要性，使人们接受了"没有被抓住就没有违法"的侥幸心理，这就会使他们只关心自己不能做什么，而忽略了自己应当怎么做。过于强调制裁会侵蚀规范的正当性。

（四）制裁的恐吓和压制作用的有限性

制裁是一种恶以及违法行为人不一定会被制裁作为制裁的局限，指的是制裁的实施状态，也就是惩罚的缺陷。而这里所说的制裁的局限，是指制裁的另一种状态，也是制裁另一种作用的局限，也就是制裁的恐吓和压制作用的局限。

制裁的恐吓和压制作用要达到理想的效果，必须具备两个条件：其一，人们了解制裁规则的存在；其二，人们通过理性计算会选择守法。如前所述，事实上人们守法或者违法往往并不会考虑法律的规定，毕竟大多数人并不真正了解法律内容，人们的行为往往依赖的是按照朴素的经验和价值判断。如果人们倾向于做出违法行为，那么制裁的恐吓和压制作用往往对此无能为力。人们在倾向于实施违法行为时，往往存在着很强的侥幸心理，要通过制裁的恐吓和压制作用防止人们违法，就要求这样的制裁足够严厉。

第三节　法律治理应当重视行为模式的规范作用

制裁具有规范作用，法律的行为模式本身就具有规范作用，正是因为行为模式的规范作用的局限和不足，才需要引入制裁发挥规范作用。制裁和行为模式的目的都是规范人们的行为，维持法律秩序和社会秩序，即使制裁表现为对违法行为人的惩罚，但这只是手段而不是目的。虽然制裁的目的和行为模式的目的同样发挥规范作用，但是发挥作用的方式不同，制裁通过防止人们违反行为模式来规范人们的行为，行为模式通过要求人们遵守行为模式来规范人们的行为。

一方面，无论是制裁的规范作用还是行为模式的规范作用，都是指向行为模式被遵守。制裁只是在行为模式规范作用存在局限和不足的情况下才发挥补充规范作用，保障行为模式被遵守。行为模式本身发挥规范作用是第一性的，制裁的规范作用是第二性的。遵守行为模式是目的，制裁违法行为是手段。

另一方面，对于法律规范，一定要确保倾向于遵守行为模式是多数状态，倾向于违反行为模式是少数状态。如果倾向于违反行为模式成为多数状态，法不责众，那么很难通过制裁的规范作用对违法问题进行有效的法律治理。选择性制裁既不符合法律的公平理念又不能真正有效地解决违法问题。

因此，法律治理使行为人能够遵守行为模式，应当注重行为模式的规范作用，当然制裁的规范作用也不可缺少。毕竟行为模式的规范作用存在局限和不足，制裁的规范作用也有局限性。行为模式的规范作用和制裁的规范作用，应当共同配合，合力发挥作用，共同解决违法问题。但是，与制裁的规范作用相比，我们更应当注重行为模式本身的规范作用。

一、行为模式的规范作用可能被忽略

制裁的引入是将行为模式上升为法律行为模式的原因。而引入制裁的出发点，是行为模式不能很好地被遵守，行为模式的规范作用不够，只能引进制裁的规范作用，对行为模式的规范作用进行补充。而一旦将制裁引入规范，行为模式就上升为法律的行为模式。人们遵守行为模式的事实性要求，就变成了遵守行为的法律性"应当"。法律要求人们应当遵守行为模式，这就不再关注人们事实上是否会遵守行为模式。既然是应当，事实上会遵守行为模式或者事实上不会遵守行为模式，都应当遵守行为模式，就不再关注行为模式本身的规范作用。行为模式本身的规范作用，是一种事实评价；而法律的规范作用，则是一种价值评价。

而且，正如富勒所说："在义务的道德中（义务的道德与法律最为类似），惩罚应当是优先于奖励的。我们不会因为一个人遵从了社会生活的最低限度的条件而表扬他或者授予他荣誉。相反，我们不会去惊扰他，而将注意力集中在未能遵从这些条件的人的身上，对其表示谴责，或者施以更有形的惩戒。"❶违法应

---

❶ 富勒. 法律的道德性［M］. 郑戈，译. 北京：商务印书馆，2005：37.

当被批判和制裁，而守法并不会被赞扬和鼓励，守法不值一提，但是违法却会引起重视。因此，与关注如何保障守法相比，人们更关注如何防止和压制违法。也就是说，保障守法和行为模式本身的规范作用被忽略，防止违法和制裁的规范作用被重视。

二、行为模式的规范作用体现为制度防范

法律的行为模式的目的及制裁的目的，都不是制裁、惩罚行为人，法律的目的是保证人们遵守法律而维持法律秩序，制裁、惩罚行为人的目的是使人们不敢去违反法律而维持社会秩序。行为模式和制裁都能规范人们的行为以维持社会秩序，行为模式和制裁都具有规范作用。只是行为模式是以正面的方式要求人们遵守法律的方式发挥规范作用；而制裁是以反面的方式要求人们不得违反法律的方式发挥规范作用。归根结底，法律的目的是要求人们遵守法律。面对违法问题，需要法律治理，也就是要求人们遵守法律，不再违反法律。

要求人们遵守法律，应当重视行为模式本身的规范作用。法律治理应当重视行为模式的规范作用，制裁只有在行为模式规范作用不足的情况下提供补充作用。法律治理，不能忽略行为模式的规范作用而仅依赖制裁的规范作用。要保证人们遵守法律，保证行为模式的规范作用，在于防范出现伤害行为模式的规范作用的条件，防范则在于制度防范。制度防范能够保证行为模式的规范作用，能够保证人们遵守法律。因此，行为模式的规范作用体现为制度防范，制度防范是法律治理的根本措施。

三、行为模式的规范作用受外在条件的影响

行为模式的规范作用体现在撇开制裁人们还会依照行为模式的要求行事。行为模式的规范作用，受外在条件影响很大，当外在条件使人们普遍做出符合行为模式的行为时，那么行为模式就有规范作用；如果外在条件使人们普遍做出与行为模式相反的行为，那么行为模式就缺失规范作用。因为行为模式是针对普遍人群的，所以影响行为模式的规范作用的外在条件就应该是普遍条件，而不是可以归结为个人自身原因的特殊条件。

一方面，违法行为一定是行为人自由选择的行为，是源于行为人自由意志的决定。只有行为人存在主观过错，行为人才能被制裁。为什么有过错才能被制裁？正是源于行为规范对行为人的理性期待，法律期待人们作出理性的行为选择，正如富勒所说："法律的发展过程正是一个不断减少人类事务中非理性因素的努力过程。制定法律可以创造出一种理性的人类生存状态所必需的条件。"❶ 法律期待行为人作出理性选择，只有行为人违反了行为规范的理性期待而做出相反的行为才能被制裁。如果行为人并不能被合理期待遵守法律，即便做出形式上违反行为规范的行为也不会被制裁，其行为也不会被认为违法。简而言之，违法行为是行为人自由选择的行为，是行为人选择了违法。

另一方面，虽然行为人是自由的，但行为人又生活在社会性

---

❶　富勒. 法律的道德性［M］. 郑戈，译. 北京：商务印书馆，2005：12.

服从中，那些外在条件构成了社会性服从的基础。人是自由的，"人依其本质属性，有能力在给定的各自可能性的范围内，自由地和负责地决定他的存在和关系，为自己设定目标并对自己的行为加以限制。"❶ 但是人又普遍处于社会性服从中，马克思把人的本质归结为社会关系的总和，社会关系创设了个人天生不可脱逃的社会性服从的环境，借用卢梭的名言，即"人是生而自由的，但却无往不在枷锁之中"❷。人们的行为往往与社会性服从有联系，比如财产型犯罪，外在的普遍原因无非两类，一类是社会的金钱价值观，另一类是缺少金钱和缺少合法获取金钱的手段。对于第二类原因，可以通过提升社会福利水准、提升教育水准等方式进行改善。尽管这种社会性服从并没有剥夺人们的自由，但是这种社会性服从能够左右人们的自由选择。社会性服从往往不会影响行为模式的正当性，但是会影响人们遵守行为模式的可能性。解决有些违法行为的关键，尤其是在违法较普遍、制裁无力的情况下，并不在于行为规范，而恰恰在于外在的社会性服从条件。

四、完善制度是改变外在条件的重要方式

人们违反行为模式，往往受外在条件的影响。那么，要求人们遵守行为模式，注重行为模式的规范作用，就应当关注那

---

❶ 卡尔·拉伦茨. 德国民法通论：上册 [M]. 王晓晔，等译. 北京：法律出版社，2003：45 - 46.

❷ 卢梭. 社会契约论 [M]. 何兆武，译. 北京：商务印书馆，2003：4.

些造成违反行为模式的行为发生的条件。没有违法产生的条件，就不会有违法的产生。针对外在条件进行治理，改变外在条件，能够保障行为模式的规范作用。而改变外在条件的重要方式是完善制度。制度既包括行为规范制度，也包括非行为规范制度。与行为发生的外在条件有关联的制度指的是那些并非直接规定行为模式的非行为规范的制度。针对违法问题，最重要的是通过完善制度改变外在条件。因此，完善制度是法律治理的根本路径。

回到对贿选问题的解决，防止贿选现象的出现，在理论上，制裁手段必不可少，但是仅依赖对贿选行为的制裁并不足以解决贿选问题。要解决贿选问题，不能只针对行为人提出行为要求，寄希望于严苛的制裁来解决候选问题并非一定有效。亨廷顿认为："在一个腐化成风的社会里，采用严厉的反腐化的法令只会增加腐败的机会。"❶ 要解决贿选问题，必须针对贿选发生的外在条件，做出相应的制度安排。

第四节 贿选的法律治理应当着眼于选举

面对贿选，人们总会想方设法地去探索贿选问题的解决之道，但是容易将解决之道局限在禁止贿选制度上，探索如何更好地发挥制裁的作用，而不会回到选举本身去探寻制度防范之道。

---

❶ 塞缪尔·P. 亨廷顿. 变化社会中的政治秩序 [M]. 王冠华，刘为，等译. 上海：上海世纪出版集团，2008：47.

选举到底是什么？选举的内涵绝非仅仅局限于共同投票来确认当选人。选举应当怎么样？选举也绝非仅仅局限于要求候选人不贿赂选举人。为什么选举中会出现贿选？出现贿选的原因也绝非仅仅在于人们的自利心。关于选举的疑问还有很多，这些问题与贿选的产生和治理都有联系。选举是贿选发生的基础，选举是贿选的前置性条件，没有选举就没有贿选，贿选的产生是以选举的存在为基础的。不研究选举，不认识选举，就不会了解贿选发生的原因和条件，也就无法获得治理贿选的依据和路径。因此，贿选的法律治理应当着眼于选举本身。

一、选举是一种制度性安排

选举，是一种选择方式，是一种活动，但是这种选择方式和活动都是基于选择制度展开的，选举的实质是一种制度性安排。只有从制度的角度去看待选举，才能真正地理解选举。

（一）选举的实质是制度性安排

提到选举，我们更倾向于将其理解为一种方式，一种用来挑选优秀官员的方式，正如《布莱克维尔政治学百科全书》指出："'选举'一词源自拉丁语动词 eligere（挑选），意为人们根据公认的规则与程序从所有人或一些人中选择一个人或者几个人担任一定职务，它区别于任命或抽签的选择方法。"● 的确，选举的

● 戴维·米勒. 布莱克维尔政治学百科全书 [M]. 邓正来，等译. 北京：中国政法大学出版社，2002：229.

表现，也就是选举活动，是赋予选举人选举权，由选举人在候选人中做出挑选的活动，选举活动是一种选择方式。

选举作为一种方式，作为一种活动，是选举外在的、可见的形式。选举的实质是一种制度性安排，这种制度的实施就是选举方式和选举活动。因此，与其说选举是一种选举方式和选举活动，更准确地说，选举应当是一种制度化安排，这种制度的实施表现为选举方式和选举活动。进一步说，选举只有作为一种制度安排，选举这种方式和活动的存在才有意义，选举的形式才能被接受，选举的结果才能被认可。由于没有明确的关于选举的规定，选举只有成为一种规则和制度，人们才会参加选举活动，才会认可选举结果。选举规则先于选举活动，在选举活动开展之前已经内化于心，被选举人和候选人全体接受选举规则。

（二）选举制度内容的具体解析

首先，选举制度表现为关于选举方式的抽象规定，这是在不区分选举的具体样式的基础上所说的选举，表现为一种对抽象的选举方式的接受。选举方式替代了委任方式，成为一种新的选择官员的方式。如前所述，人们只有认可并接受了选举方式，选举才有意义，人们才会心甘情愿地参加选举，才会真情实意地服从选举的结果。而且，选举制度的设计是围绕选举这种方式进行的。

其次，选举制度表现为关于选举方式的具体规定。选举的内容既包括选举的实体规定、候选人的条件、选举人的条件等，又包括选举的程序规定，确定候选人的具体程序规定、进行选举的具体程序规定等。选举制度关于选举方式的具体规定，构成了选举进行的框架，选举人和候选人在框架的范围内进行选举活动。这种为了建构选举进行的框架制度，准确的表述是选举规则，是选举制度中最重要的表现行为。严格来说，选举制度指的就是这种建构选举进行的框架的制度。

最后，选举制度还表现为关于与选举相关的人员的行为制度，也就是一种行为规范。选举人，尤其是候选人应当尊重选举、尊重民主，不得试图以不正当的方式赢得选举竞争，破坏选举制度。选举对选举人，尤其是候选人的行为提出了规范要求，对违反选举行为规范要求的行为人进行制裁。

选举制度最后表现为其他与保障选举进行有关的制度安排。这种制度安排往往无法直接与选举制度相联系，但是对保障选举有序进行起着重要的作用。

二、竞选以选举制度为基础

竞选（选举竞争）是由选举制度发起的，没有选举制度就没有竞选，竞选活动必须在选举制度所构建的框架内开展。选举在选举框架范围内进行，意味着竞选并不是完全自由放任的，候选人应当合法地选择竞选的方式，合法地竞争选举人的选票。而候选人选择什么样的选举方式，候选人既要依据自身的情况，更重要的是，应依据选举的制度安排。

（一）竞选由选举制度发起

所谓竞选，是候选人参与选举，以期赢得选举竞争并获得相应职位的行为。竞选作为选举竞争，竞争的是选举人的选票，选举人的选票最终确定胜选的候选人。竞选是由选举制度发起的。竞选是在选举制度的基础上开展的，没有选举制度就没有竞选。选举制度的主要内容是关于选举方式的具体规定，这些关于选举方式的具体规定构成了选举的框架，竞选活动应当在选举的框架内进行。竞选活动既要符合选举的实体要求，更要符合选举的程序要求。

竞选活动既然要在选举的框架内进行，就意味着选举制度能够决定竞选活动的空间。竞选的核心内容是采用选票，候选人获得选举人的选票，也就是候选人愿意将选票投给候选人，其本质是候选人与选举人之间的关系。当然，这种关系并不一定是指基于私人交往而建构的直接关系，这种关系产生的基础有很多，友谊、品德、功绩和演讲，甚至是外表等一系列因素，都能建构这种关系。

（二）竞选活动具有独立性

竞选以选举制度为基础，选举在选举框架范围内进行，意味着竞选并不是完全放任自由。选举权是一种自由的权利，选举人可以自主地选择将选票投给候选人。被选举权也是一种自由的权利，候选人既能够自由地选择是否参选，又能够选择以什么样的方式和表现参与竞争，赢得选举人的选票。只有竞选活动具有独立性以及竞选结果不由选举规则决定，选举才能够实现竞争，选举才有意义。进一步说，只有选举活动具有独立性，只有赋予候选人选择以什么方式和表现参与竞争的自由，赋予候选人自由、自主竞争选票的权利，选举才有意义。如果选举规则成为一种可以将相应的指标量化、可以打分的规则，选举结果由选举规则决定，将取消候选人争取选举人选票的过程，那么选举规则便失去了存在的意义。

竞选活动具有独立性，候选人可以自由地竞争选举人的选票。这种独立和自由也意味着，候选人可能会选择一种违反选举精神的方式参与竞选活动。当候选人采取一种不当的竞争方式参与竞选时，选举制度便失去了存在的意义。

（三）竞选受选举制度影响

竞选既要在选举的框架下进行又要具有独立性，这就决定了竞选受选举制度的影响，自由地选择何种竞选方式与选举制度和选举框架有关。当然，竞选是由选举制度发起的，什么样的选举制度，什么样的选举框架，决定了候选人选择什么样的最佳竞选方式，正是竞选受选举制度影响的表现。

具体来说，竞选受选举制度的影响表现在两个方面：一方面，选举制度为竞选提供了激励，候选人参与竞选的动机源于选举的制度安排；另一方面，选举制度能够影响候选人选择何种方式参与竞选，换言之，候选人选择一种特定不当的竞选方式也与选举的制度有一定的关联。当然，选择何种竞选方式与选举的行为规范有关，制裁不可能完全没有作用。而其他与保障选举进行有关的制度安排，也会影响候选人对于竞选方式的选择。

三、完善选举制度是治理贿选的根本路径

贿选是竞选的不当形式，贿选和竞选一样，都以选举制度为基础。候选人选择贿选方式，与选举制度有关联。要解决贿选问题，必须了解选举和选举制度。只有完善选举制度，才能找到治理贿选的根本路径。

（一）贿选是竞选的不当形式

一般会误认为贿选是选举的属概念，需要明确的是，贿选不是选举的属概念，贿选是竞选的属概念。选举是竞选的基础，同时也是贿选发生的基础。贿选是候选人参与竞选所选择的一种方式，而这种竞选方式是竞选的不当形式。

贿选作为竞选的属概念，同竞选一样，受选举制度的激励。由于不同的选举制度安排，候选人会选择不同的竞选方式，候选人选择贿选作为竞选方式，与选举的制度安排有关。依据不同的选举制度，候选人会选择不同的竞选方式，以期赢得更多的选票，进而赢得选举竞争。

（二）选举是贿选产生的基础

选举制度能够影响候选人选择何种参与竞选的方式。换言之，候选人选择一种特定的、不当的竞选方式，也与选举制度有一定的关联。因此，贿选的发生与选举制度有关联，也就是与选举本身有关联。当然，一种不当的竞选方式的选择，包括贿选的

选择，不一定完全是由选举制度的缺陷造成的，与选举形式本身也可能存在关联。但是，即便贿选是由选举这种形式的固有特征带来的，分析选举的特征针对产生的原因，也有助于解决贿选问题。如果是由选举制度的缺陷造成的，那么分析选举的特征有利于直接解决贿选问题。因此，要探索贿选的法律治理，要理解贿选，必须回到选举。换言之，选举的制度安排为贿选的产生创造了条件，因此，要治理贿选问题，应当着眼于选举制度，完善相应的制度设计。

第三章　选举是制约政治权力的工具

选举是由选举人以投票的方式选择优秀官员、政治家的活动。选举人有确定当选人的决定权。按照通常理解，依照委托理论，由选举人选择并委托被选举人，选举活动是选举人出于集体需要而积极、主动地挑选被选举人，选举活动由选举人主导。然而，事实恰恰相反，尽管哪个候选人当选是由选举人决定的，但是选举活动并不是选举人主导的，而是由候选人主导的，候选人为了赢得选举竞争而争夺选票的过程构成了选举活动的核心内容。选举人投票的直接目的可能不是为选择一位优秀的官员，但是选举的制度设计确实能够产生优秀的官员。而选举的直接目的是通过选举的方式制约政治权力和替代专制，使当选人会认真对待政治权力，并尽力为共同体服务。

第一节　选举是由选举人决定人选

我们现在使用的"选举"一词，"最早是日本人以汉语'选举'一词来意译英语的'election',清末时被引入中国"❶。字面上的"选举"一词在中国历史上就出现了。中国古代就有选举制度,但那时候的"选举"指的是某种选贤任能的人事制度,而非现代意义上的民主选举。中国古代的选举通常包括察举和科举两个基本类型。中国的"二十四史"中大部分都专门设有"选举志",用以记录这些制度的实施状况。在这种理念之下,选举等同于选才。❷

古代的选举与高度集权体制分不开,是以专制命令的方式来选拔人才以充实官僚体制,这样的选举有两大特征:其一,选举的方式是受个人专断意志控制、自上而下地发布任用命令;其二,选举的目的是为政治体制选拔人才,选举是政治选举。虽然同为"选举"一词,但我们现在使用的"选举"一词的概念,指的是共同决议以确定人选,以替代专断的指定和委任的选人方式。

一、选举的实践表现为共同表决

选举是一种选择形式,但凡提到选择,就一定是意志的表现。意志,要么是个人或者部分人的专断意志,要么不是个人或者部分人的专断意志。专断的意志以命令的方式展现;而共同的意志则是以决议的方式展现,这种决议的方式就是共同表决。共

---

❶ 何怀宏. 选举社会及其终结 [M]. 北京:生活·读书·新知三联书店,1998:40.

❷ 周叶中,朱道坤. 选举七论 [M]. 武汉:武汉大学出版社,2012:2.

同意志与专断意志对立，共同意志不意味着每个主体都必须要以积极的方式去参与表决，共同意志意味着每个主体都有参与表决的机会，既可以积极的方式参与表决，又可以消极的方式放弃表决。现在使用的"选举"这一概念，赋予了特定集体中每个人都有参与表决的机会，决定源于共同表决，而非源于个人或者少数人的意志，以共同表决的选择模式替代了专断意志控制的选择模式。简单地说，选举的实践就表现为共同表决。

二、选举通过共同表决确定人选

选举作为一种选人模式，只能指选人而不包括决事。共同表决以及个人专断意志的控制，都是决定的方式。而决定并不仅仅是选人的决定，更常见的是对事务的决定。关于选人的相关规则和程序本来就是一种事务，而选人本身也可被归入事务的范围。选举的方式是共同表决，由共同决议来决定人选。但是共同决议不仅可以决定人选还可以决定事务。也就是说，选举的方式还可以适用于决定事务，正如个人意志的专断控制的方式，既可以用来选人还可以用来决事。选人和决事都是源于决定，而且选人本身也是一项事务，有定义认为选举不仅包括选人还包括决事。《大美百科全书》指出：选举是"由合格参与者投票选择官员或做成相关政策规定的过程"❶。当然，更多的理解是将选举限于选人。法国学者科特雷和埃梅里认为："选举可以被定义为由种

---

❶ 大美百科全书［M］. 北京：外文出版社，1994：456.

种程序、司法的和具体的行为构成的一个整体，其主要目的是让被统治者任命统治者。"❶ 我国出版的《大辞海》也将选举理解为选人："国家或其他政治组织依照一定的程序和规则，由全体或部分成员根据自己的意愿，推选一人或若干人充任国家或该组织的某种权威性职务的政治活动。"❷

当然，有些选人实质上只是纯粹的决事，抽签便是一例。从雅典城邦将抽签的方式运用于选举，并替代投票选举来选择执政官以及相应的行政官员以来，总有学者主张用抽签选举来替代投票选举，并认为抽签选择是更公平的选举方式。但事实上，抽签选举并不是选举。抽签不是独立的决议方式，抽签本身也是被决定的，当提出"是通过表决方式还是通过抽签方式来决议"时，意味着正在征求共同体的意见，而最终是采纳表决方式还是抽签方式还得通过表决决定。共同体的事务通过什么方式来决定，都属于共同体自身的选择，是源于共同意志的决定。抽签本身不是意志的决定而是命运的决定，将共同事务交予共同体自身决定还是命运决定归根结底都是共同体自身的意志选择，是共同体通过表决同意了抽签，而不是当然地适用抽签方式。抽签只能附属于表决，表决是抽签的前提，而抽签是表决的结果。表决本身，也就是通过表决来决定共同事务，是在相互平等、相互独立环境下达成共识。共同表决是共同体决定的最初来源，除此别无其他方

---

❶ 让·马克·科特雷，克洛德·埃梅里. 选举制度［M］. 张新本，译. 北京：商务印书馆，1996：8.

❷ 王邦佐，邓志伟. 大辞海：政治学·社会学卷［M］. 上海：上海辞书出版社，2010：10.

式能来决定共同事务并有效被遵守。所以，抽签选举的实质在于通过表决确定与抽签相关的事宜，抽签选举本身并不是选人而是决事。所谓抽签选举实质上并不是选举。

虽然选举仅限于选人并不包括决事，但是选举之下的选人并不是纯粹地选人，从逻辑上讲，选举的对象并不限于人，选举的对象涵盖人和事，选人的目的是选人去做事，作为选举对象的人和事是逻辑上不可分离的整体。当然，选举对象中的人和事，人是第一位的，事是附属的，而这种事务一般是抽象的、不确定的，是需要发挥才能和主观能动性的。如果只是纯粹地选人，而不包括选人所附带的事务，那么选人本身不是选举而只是一种决事。比如，共同表决选出一个被赋予荣誉的人，其实并不是选举而是决事。与其说选出某个人获得荣誉，不如说决议将荣誉授予某个人。所以人员的安排，往往被称为人事安排。进一步说，在有些选举中，与其说是在选人不如说是在决事，候选人的主张和承诺实质上就是一种事务，选民选择候选人的出发点在于候选人的主张和承诺。虽然选民表面上是给候选人投票，而实质上却不是在选人而是在决事，也就是说，选举表面上是在选人，实质上往往是在决事。当然，这种决事不是纯粹地决事，而只是选择特定人来处理相关事务。所以，《简明不列颠百科全书》将选举既与选人联系起来，也与选择政治主张联系起来，"'选举'是以投票选择公职人员或接受或拒绝某种政治主张的正式程序。"❶

---

❶　简明不列颠百科全书：第 11 卷［M］. 北京：中国大百科全书出版社，1991：312.

三、选举是自下而上地确定人选

古代的选举，因帝王和王公大臣都身处高位，选贤任能必须依靠他人进行举荐，举荐是帝王为其官僚体制选贤任能的前提。所谓选举是"选"与"举"结合的选人方式，"举"是方式，"选"是目的。"选"本身并不确定到底是自上而下、自下而上抑或是平行，但是"举"表达了行为一定是垂直结构中自下而上的，选举中的"举"必然是自下而上的。与"举"相适应，"举"是向上举荐，"选"就是向下挑选。那么选举中的"选"自然就是垂直结构中自上而下的。选举的根本在于"选"，"举"只是为"选"服务的，而"选"则以专断意志为转移。专断意志以上级专断权力为基础，而专断权力先于选举，正是权力的先在构成了古代选举的垂直结构。这种是以上级权力控制着整个选举过程并决定着选举结果。古代的选举是以权力决定下的垂直结构为先在条件，所以选举一定是依据自上而下的路径，假如不在垂直结构中，也就不会存在命令式选举所依赖的上级权力。

我们现在使用的选举概念，引进的是西方的选举概念，而西方的选举概念最早源自雅典城邦，由公民来选择执政官员，这种选举正是依照自下而上的路径。然而，这里的自下而上并不是与专断权力控制下的自上而下相对的自下而上，这里的自下而上实则并不是选举的路径，而只是选举后的结果，形成了垂直结构。而自上而下的专断权力控制下的选举（实则只是一种挑选），既是选举的路径，也是选举的前提。选举以共同表决的方式替代了专断权力控制的方式，也就是在选举过程中排除权力的干涉，避免专断意志控制并决定选举。既然选举是以共同表决的方式进行，共同表决的主体之间就应是独立、平等、自由的。

四、共同表决并不限于政治选举

尽管选举常常被视为一个政治概念，但说到选举，人们脑海里的第一反应往往就是我国人大代表的选举和美国总统选举。选举概念最早出现在政治生活中，"选举最初是在公元前五世纪和公元前六世纪时，由希腊城邦举行的。当时大多数的公职都由抽签决定——反映出其公民平等的观念。但有一些需具特殊资格的公职就由选举决定。投票是在公开集合中举手表决，也以手写的票及圆石子为选票。"[1] 也只有政治选举才能让选举成为受人瞩目的概念。然而，共同表决并不限于政治选举，选举不仅仅是一项政治活动，更是一种选择方式。政治活动所体现的这种选择方式，不仅适用于政治领域也可以适用于政治领域之外。的确，选举的表述不仅仅存在于政治领域，选举作为确定人选的方式，在其他领域也有选举一说。但是，严格意义上的选举只是政治选举。

政治社会的选举和民主，是与人与人之间身份的平等相互确认和相互促进的。人与人之间的平等关系不仅仅存在于政治生

---

[1] 大美百科全书［M］. 北京：外文出版社，1994：456.

活，这种由政治生活业已确认的在公共领域交往的平等身份关系，也会同样随之被确立于人与人之间的私人交往领域。也就是说，由政治生活确立的平等关系，扩展至人与人之间的一切交往之中。那么基于平等身份产生的决定方式和理念并不仅仅存在于政治生活中，而且也存在于社会生活中。但是，严格意义上的选举指的是政治选举，本书讨论的选举是政治选举，寄希望于解决的贿选就是政治选举中的贿选。政治选举之外的选举形式，严格来说只能是推选。

五、选举的共同表决有特殊内涵

尽管在形式上选举被表述为一种共同表决以确定人选的方式，但这只是对选举最简单、最抽象的表述。选举的内容远比选举的形式复杂，选举中的"共同表决"是一个内涵丰富的概念。选举作为一种目的性活动，是在特定的环境下，受特定的目的指引而开展的活动。选举中，选举人与候选人均处于一个独立的、闭合的空间里，候选人是社会管理的候选人，选举人是社会公众，社会公众选择社会管理人，社会管理人管理社会公众的公共事务，社会管理人和社会公众之间通过选举形成了相互约束的关系。推选中，投票人与候选人并不是处于一个独立的、闭合的空间里，投票人选择候选人，投票人与候选人之间并不是管理与被管理的关系，候选人往往要代替投票人对外开展相应的工作，或者要求候选人对投票人的相应事务进行内部统一处理。而且这种处理并不具有社会管理的强制性效果，推选人与候选人之间并不存在强烈的相互约束的关系，推选只是确定人选的更好的一种方式，要么是基于更为公平，要么是基于更为了解，要么是基于更为信任等。

六、选举容易被理解为主动选择

选举是一种选择，是主体向客体表达自由意志的行为。在日常生活中，人们会遇到很多需要作出选择的情境，甚至每天都要作很多次选择，如出行选择哪种交通工具、就餐选择哪种食物、休闲选择哪种娱乐方式等。生活中的选择，给我们带来一个直观的感受，但凡是选择，一定是主动的选择，也是自由的选择，假如缺少主动和自由，选择就不能再被视为选择。当然，作出选择一定具有一定的目的，目的是行为的动机，同时目的也使得主体不得不作出选择，这种自由也是受目的引导和限制下的自由。单纯地看待选择这个行为，主体可以在多个选择对象中作出选择，确实是自由的。同时，但凡是选择，选择的目的往往来源于主体自身，主体基于自身的需求作出选择。因为选择是自由的，同时人们所接触到的选择，几乎都是直接源于我们自身的需要，所以人们可能会以偏概全地认为，选择就是一种主动的、自由的选择。选举作为一种选择方式，容易被理解为选举人的主动选择。

因此，从形式上可以看出，选举是用共同表决的方式取代专断意志的控制，以共同表决的方式确定人选，共同表决的基础是人与人之间的平等。从形式上就可以确认选举对专制和特权的反对。而且，选举的内容远比选举的形式复杂，选举中的"共同表决"是一个内涵丰富的概念，要认识选举的内容，应当从选举的形式中走出来去解析政治选举的内涵。尤其需要重视的是，选举形式上是由选举人决定人选的选人模式，由"选举人决定"的表达，往往被理解为选举人主动的选择，但是选举一定是选举人主动选择吗？如果是选举人主动选择，那么就很难解释选举人在选举中的消极状态，就很难解释选举人为什么要被动员。选举的目的是选择政治精英，也就是选择优秀的官员或者议员（代表），要认识选举，就必须首先认识人们选择政治精英的原因。

第二节　选举源于制约政治权力的需要

人作为社会群体中的一员，有着共同需要，因而有对社会管理和政治权力的需要。政治权力产生于人们的共同需要，但是政治权力却可以通过"强力"被掌握。共同需求与政治权力的分离，使得政治权力往往会被滥用，侵害共同利益。选举正是制约政治权力、防止专制的手段。而且社会管理人和社会公众之间存在着相互依赖和相互满足的关系，社会公众可以通过选举来制约政治权力，社会管理人可以通过选举换得社会公众的服从与支持。

一、人的社会性与政治权力的产生

一旦人们产生从自然状态中走出来的欲望，共同需要也就随即产生。而人天生具有的社会性的性质也决定了人们的共同需要。共同需要表现为对社会管理的需求。社会公众需要生活在被统一管理的、有序的、能够提升生活幸福的社会中。而社会需要管理，就必然会需要政治共同体和政治权力。权力虽然会伤害自由，但是权力更会保障自由。

（一）人的社会性与共同需要的形成

人是不是具有天生社会性？人们对于这个问题的回答是截然相反的：人们要么认定人天生就是社会性的动物，要么认为人天生只是隔离的个体。亚里士多德认为，人天生就是社会性的动物，共同体不是人造物，而是自然的创造物。古典自然法学派先驱的观点则相反，认为人天生只是隔离中的个体，共同体是人造物，而非自然创造物。"在一个关键命题上，亚里士多德与霍布斯、洛克、卢梭泾渭分明。他主张，人类天生是政治的，其自然天赋使之在社会中兴旺发达。而这三位早期现代化的哲学家则恰恰相反。他们争辩说，人类天生不是社会性的，社会只是一种手段，使人类得以实现单凭个人所无法得到的东西。"❶ 福山认为："这三位思想家，都视自然状态的人为隔离中的个体，都视社会为非自然的。"❷

按照亚里士多德的观点，人天生就是社会性的人，人天生就不能逃离共同生活，无法摆脱共同需要，这里所说的人是抽象意义、普遍意义的人，并不能保障不出现具体的类似鲁滨孙的个

---

❶ 弗朗西斯·福山. 政治秩序的起源：从前人类时代到法国大革命 [M]. 毛俊杰，译. 桂林：广西师范大学出版社，2014：30.

❷ 同❷：32.

人。城邦就是满足共同生活、共同需要的、理想的政治共同体，共同生活、城邦、对共同需要的满足能够完善个人，实现个人价值。城邦产生于共同生活和共同需要，城邦是在共同需要的推动下自然长成的，"城邦从早期联合体中自然生长出来，这一教导就确立了城邦超越于早期联合体的权力，同时也意味着城邦与早期联合体中间存在着某种和谐"❶。城邦意味着城邦权力，城邦权力是政治权力，城邦自然长成，政治权力也是自然长成，尽管城邦权力可能掌握在全体公民手上，但城邦所展现的政治权力并不源于个人，"与现代的政治哲学相反，对亚里士多德来说，城邦的权力远不是来自个人，而是一种自然形态。他没有首先把城邦视为人的需要的造物，而是视为一种自然的造物，拥有其自身的生命。……这样，城邦的成立不仅不需要个人的授权，反而个人要在城邦中才能完善自身。与其要求城邦为人服务，不如要求人为城邦献身。这样，亚里士多德就得出了他著名的命题：人天生是政治动物。因为没有城邦，人就不能存在，起码是不能完善，人就是非人"❷。

按照古典自然法先驱霍布斯、洛克、卢梭的观念，自然状态下的人是隔离中的个体。即便依据古典自然法先驱们的理论假设，从自然状态走向政治国家的过程也不会是他们认为的由人们达成协议然后产生政治国家和政治权力如此简单，他们忽略了这

---

❶ 阿莫伯勒. 亚里士多德对城邦自然性的理解 [M]. 柯常咏, 译. //刘小枫. 城邦与自然：亚里士多德与现代性. 北京：华夏出版社, 2010：93.

❷ 唐丰鹤. 在经验与规范之间：正当性的范式转换 [M]. 北京：法律出版社, 2014：62 –63.

个转化过程中"共同生活""共同需要"的存在。从自然状态走向政治国家的过程，应当是人们产生了"共同生活"的需求，并产生了"共同需要"，而这种"共同需要"以及维持"共同生活"必然使人们进一步选择了政治生活。换言之，只有人不再是隔离中的个体，而成为一个天生的社会人，才能发现共同生活的必要，才能产生共同需要。也就是说，人从自然状态走向政治生活的一个前提，就是人的性质的转变。而且，一旦决定摆脱自然状态，从自然状态中走出，自然状态就不复存在，人就不再是隔离中的个体，而成为一个天生就是社会性的人。而当人们具有共同需要，为实现共同需要，人们就被迫进入了政治生活。人们并没有选择的余地，如果表面上人们选择了政治生活，更为准确地说，应当是共同生活和共同需要产生了政治生活和政治权力。驱动人们从自然状态走向政治国家的力量，不是人们的选择，而是人们对共同生活的期待，以及相应的共同需要。

由此可见，但凡与共同生活、共同需要发生联系，一定基于人天生是社会性的前提。人没有社会性的觉悟，就不会产生共同需要；提及共同需要，就一定存在人是天生社会性的前提；一旦人们产生从自然状态中走出来的欲望，共同需要也就随即产生；而人天生是社会性的性质，也决定了人们的共同需要。

（二）共同需要的实现需要社会管理

沃尔特·李普曼曾经说过："我确实知道，对同居于一国或一地的人群来说，最大的必需品莫过于被统治，如有可能便实行自治；如蒙天赐，便受廉明政府管辖；但无论如何，非被统治不可。"❶ 对于"被统治"，人们往往曲解其概念，将被统治理解为可以被随心所欲、肆无忌惮地对待。社会公众害怕"被统治"，将其理解为被压迫。这种对"被统治"的理解，是与社会公民的共同需要背离的。应当理性地对待"被统治"的概念，"被统治"实则是为实现共同需要而产生的社会管理。相比之下，被统治之下的有序总比无序要好，但是人们真正需要的不是被统治，而是社会管理。

（三）社会管理的需要产生政治权力

一旦提及社会管理，就必然会提到政治共同体和政治权力，权力虽然会伤害自由，但是权力更会保障自由。政治权力高于共同体，独立于共同体，而掌握政治权力组建的国家也是高于共同体、高于社会的，"一旦'国家'作为政治术语流传开来，它与 res pubblica（作为一个整体的、从政治上组织起来的社会）的共生关系便越来越少，同时则越来越严格地等同于、凌驾于社会之上的命令结构（权威、权力、强制力）"❷。共同生活的共同需要产生公共权力，政治权力是公共权力中最重要的内容，政治权力的产生源于共同生活的共同需要，而非人们的同意。即便人从自然状态下走向政治社会，政治权力也源于人天生的社会性以及共

---

❶ 塞缪尔·P. 亨廷顿. 变化社会中的政治秩序 ［M］. 王冠华，刘为，等译. 上海：上海世纪出版集团，2008：2.

❷ 乔万尼·萨托利. 民主新论：下卷 ［M］. 冯克利，阎克文，译. 上海：上海人民出版社，2015：429.

同生活的共同需要，而非源于人们的同意。政治权力是群体生活带来的。人与人共同生活，就会产生相互之间纷繁复杂的社会关系，人与人之间能够相互影响，既能团结互助又能互相伤害。这种相互之间的关系不能脱离政治秩序和政治权力而有序存在，这就产生了共同需要，既为了从消极的角度防止相互的伤害，更为了从积极的角度获得更好的共同利益，实现共同的善。人与人的共同生存、人与人的相互关系产生了政治权力，政治权力的产生不以人们的意志为转移。尽管不以人们的意志为转移，但这种权力的产生也与人们有关，恰恰源于群体生活的需要，也就是说，源于全体人们的共同需要。但是，政治权力并不是因人们的主观产生的，而是因人们之间的相互关系产生的。因人们的存在而产生政治权力，而不是因人们的意志而产生政治权力。缺少了人们的存在，就没有政治权力，但不能说，缺少了人们的同意就没有政治权力。与政治权力的分配和行使相比，政治权力是先在的，由于整体的政治权力是先在的、不以人们意志为转移的，那么部分政治权力就是整体政治权力赋予的，部分政治权力也是先在的。

二、政治权力与共同需要的分离

共同体需要社会管理，社会管理的需要产生政治权力，但是共同体本身更关注的是社会管理的结果，关注共同需要能否得到满足，而不是具体由谁来进行社会管理。如果说共同体关心由谁来行使政治权力和进行社会管理，更精准的表述应当是，共同体关心谁能够通过行使政治权力以满足共同需要，关心的焦点不是人，而是目的。社会需要精英去管理，政治权力需要政治精英去行使，相比共同体自我管理和行使政治权力，由政治精英管理社会和行使政治权力实则是最经济、最合理的方式。而且，政治精英可以通过"强力"掌握政治权力。这就造成了一个结果——政治权力与共同需要的分离。

（一）社会管理并不一定是共同管理

人们需要社会管理，并不表明要由人们共同来管理社会，还需要自我管理、共同管理和共同行使政治权力。尽管自我管理在理论上也是共同需要满足的一种方式，甚至是一种最理想化的方式，但是管理需要成本，而被管理的结果则是一种收益，共同需要则是收益与成本之间的差。可见，人们追求共同需要的满足，也就是追求一种更为合理的管理方式。从政治理论上来说，自我管理、共同行使政治权力也许是防止专制侵害的最好方式（这里说的是也许，共同管理也有可能构成多数人的专制），但是将人们的共同需要仅仅视为对专制的替代是错误的，对专制的限制只是人们的共同需要中的一项内容，毕竟专制构成对人们共同幸福的潜在危害。

人们对共同需要的要求，不在于一定是共同亲力亲为的自我管理。人们想要的管理形式，一定是付出最小的代价，获得最大的收益的形式。历史表明，这种要求，通过人们的自我管理和共同行使政治权力，是实现不了的，精英治理才是最能够实现人们共同需要的方式，人们无法共同行使政治权力。在雅典城邦，并没能真正实现全体公民共同行使政治权力，政治权力实际上也掌握在少数人手中，愿意参与公民大会的公民比例其实很低。政治权力带来的福祉，对权利的保障，最大限度地实现人的自由，最大限度地满足人们的幸福，才是人们的共同需要。正如余英时所言："人们所着重的，与其说是控制政府，毋宁说是保护自己的公民权利。"❶ 美国亨廷顿认为："美国人拥戴像杰弗逊、林肯、大小罗斯福和威尔逊这样的总统，因为他们在任职期间扩大了总统的权力，人们把他们看作是促进公共福利和民族利益的仁慈的倡导者。而像布坎南、格兰特和哈丁这样的总统，他们没能维护自己的权力免受其他集团的侵扰，因此被认为没能为国家谋利益。制度利益和公共利益不谋而合。总统这一机构的权力与政体的公意融为一体。"❷

　　尽管理想的社会管理是人们进行自我管理，而自我管理在学者中也被表述为多数统治、人们统治。"理想上最好的政府形式就是主权或作为最高手段的最高支配权属于社会整个集体的那种政府，每个公民不仅对最终主权的行使享有发言权，而且至少有时可以参加政府，担任公职。"❸ 但是事实上，"人们实际上从未统治过，但他们总是能被定义弄得像在统治"❹。"在所有社会中都会出现两个阶级——一个是统治阶级，另一个是被统治阶级。

---

❶　余英时. 余英时文集：第6卷［M］. 桂林：广西师范大学出版社，2006：31.
❷　塞缪尔·P. 亨廷顿. 变化社会中的政治秩序［M］. 王冠华，刘为，等译. 上海：上海世纪出版集团，2008：21.
❸　密尔. 代议制政府［M］. 汪瑄，译. 北京：商务印书馆，2008：43.
❹　熊彼特. 资本主义、社会主义与民主［M］. 吴良健，译. 北京：商务印书馆，1999：364.

前一个阶级总是人数较少，行使所有社会职能，垄断权力并享受权力带来的利益。而另一个阶级，也就是人数更多的阶级，被第一个阶级以多少是合法的，又有多少是专断和强暴的方式所领导和控制。"❶ "就民主制这个名词的严格意义而言，真正的民主制从来就不曾有过，而且永远也不会有。多数人去统治而少数人被统治，那是违反自然的秩序的。"❷ 曼斯菲尔德曾总结道："我们说'人们统治'，可人们并不说'我们统治'。他们选出一个政府代表他们，或以他们的名义进行统治，它包括一个并不进行统治的立法机构，因为它仅仅通过法律；一个仅仅落实法律的司法部门，和一个仅仅贯彻法律的执行部门。"❸ 而且，从可行性方面考虑，理想的人们自我管理也不能实现，"理想上最好的政府在现实中是难以实现的。能够充分满足社会所有要求的唯一政府是全体人们参加的政府，然而由于一国人口和面积的限制，所有人亲自参加公共事务是不可能的。因此，现实中一个完善政府的理想类型一定是代议制政府"❹。因此，人们进行自我管理、实现理想的直接民主被视为一种不可实现的"神话"，"由聚合在一起的全体人们实行直接民主制，与其说是一种政体，不如说是一种政治神话。再者，一切形式的希腊政体（除了超法律的独裁制），不论是贵族制还是民主制，都包含了某种人民大会，尽管它在管理中发挥的实际作用可能很小。因此，雅典的政体令人感

---

❶ 加塔诺·莫斯卡. 统治阶级 [M]. 贾鹤鹏，译. 北京：译林出版社，2003：97.

❷ 卢梭. 社会契约论 [M]. 何兆武，译. 北京：商务印书馆，2003：84.

❸ 哈维·C. 曼斯菲尔德. 驯化君主 [M]. 冯克利，译. 北京：译林出版社，2005：34.

❹ 密尔. 代议制政府 [M]. 汪萱，译. 北京：商务印书馆，2008：55.

兴趣的地方并不在于全体人民大会，而在于那些旨在使地方行政官和公务人员向公民群体负责并接受其控制而建构起来的政治手段。为达到这个目的而采取的手段就是代表制，尽管它在一些重要方面与各种现代的代表制观念不尽相同"❶。雅典公民参与公民大会的比例很低也能证明这个观点。

（二）人们需要政治精英进行社会管理

政治权力产生的目的是通过行使政治权力实现社会管理，社会管理的目的是满足人们的共同需要，那么，行使政治权力的目的就是满足人们的共同需要。如何理解共同需要？不能局限于共同利益，其实质上是指公共利益。所谓共同需要，最显见的表现就是共同利益。每个公民都需要的，那一定是共同需要，自由和秩序就是共同需要。对自由和秩序的共同需要，是由每个人的、具体的个人需要叠加而成的，表现为共同利益，每个人都能从共同利益中受益。但是在共同生活中，尤其在社会发展和分化之后，除绝大多数人的共同利益需要，更多的是多重少数人的利益需要。每个人都会成为多重少数人中的一员，将多重少数人整合来看，那就是共同利益。但是将多重少数人单独来看，多重少数人的利益只是少数人的利益，少数人的利益必然不可能构成共同利益。

如何看待少数人的利益需要？以共同利益的标准去批判少数人的利益诉求，少数人的利益诉求肯定得不到满足，多重少数人

---

❶ 乔治·萨拜因. 政治学说史：城邦与世界社会 [M]. 邓正来，译. 上海：上海人民出版社，2015：44.

的利益得不到满足，进而相当于共同利益也会得不到满足。应当重新理解共同需要，将共同需要视为公共利益，而不仅仅是共同利益，当然共同利益一定是公共利益。公共利益并非直接关乎每个人直接利益的利益，那些部分人的利益，甚至是少部分人的利益，也可以成为公共利益。进一步说，所谓共同体是所有人的共同体，不是大多数人的共同体，少部分人也是共同体中的一部分。从本质上来说，共同利益是现实的共同利益，而公共利益是潜在的共同利益，每个人都有可能享受到这份潜在的共同利益。

雅典城邦建立在共同利益之上，正是基于将共同需要定义为共同利益，雅典才能实现直接民主制度，而共同体的利益分化则会对雅典民主制度产生破坏，"（雅典）城邦的存在有赖于共同的利益基础，然而，城邦的商业集团和农业集团在利益上，更确切地说是在根本性质上，发生了严重的分歧"❶。雅典要保存其直接民主政治，就必须强行整合共同体利益的分化局面，保证个人诉求与整体诉求之间的统一，防止个人主义与社会主义之间的严重割裂，因此，"雅典政府找出了在社会主义与个人主义之间，使商业和财富获得适度调整的一项解决途径……国家借征税及摊派来调解财富，并劝导或强迫有钱人出钱支援海军舰队、戏剧以及穷人参加戏剧与运动竞赛的观赏费"❷。

---

❶ 基托. 希腊人［M］. 徐卫翔，黄韬，译. 上海：上海人民出版社，1998：211.

❷ 威尔·杜兰特. 世界文明史：希腊的生活［M］. 台湾幼狮文化，译. 北京：华夏出版社，2010：227.

当共同需要从对共同利益的需要转变为对公共利益的需要时，则意味着共同体的多数决定已然失效，多数人并不能决定公共利益。多数只是表决的一种方式，而不是公共利益的一种表达方式。公共利益基于整体视野，多数与表决基于个人视野，多数与表决，是个人观点的集合，这种个人观点通常只是个人狭隘利益的表述。大多数人存在着有关理性的无知现象，这意味着大多数人往往看不到他们真正的利益所在。多重少数人的利益，并不能从每个人的利益表达中被采纳。只有由少数兼具责任和知识理性的人的决定，才能发现公共利益，才能保护多重少数人的利益。少数人可以摆脱狭隘的利益偏见，从这个角度看，少数人比多数人更适合辨别公共利益。尤其对于复杂的问题，少数有见识的人的理解，绝对比多数人的理解更为正确。"我们甚至可以说，多数决议一定不及一些最明智人士在听取各种意见之后所作出的决定，因为多数决议往往是考虑欠充分的产物，而且一般都是不能令任何人感到完全满意的妥协之物。"❶ 而且，按照分工理念，公共利益的确定和政府事务的管理都是专业化的工作，并不能依靠共同体去完成。"实际上人们既不提出问题也不决定问题，决定他们命运的问题正常是由别人为他们提出和决定的。"❷ 共同体不能发现和满足人们的共同需要，这就意味着只有依赖少数的政治精英的能力和素质才能做到，由此可见，社会需要精英去管

---

❶　弗里德利希·冯·哈耶克. 自由秩序原理［M］. 邓正来，译. 北京：生活·读书·新知三联书店，1997：135.

❷　熊彼特. 资本主义、社会主义与民主［M］. 吴良健，译. 北京：商务印书馆，1999：389.

理，政治权力需要政治精英去行使，与共同体自我管理和行使政治权力相比，由政治精英管理社会和行使政治权力实则是最经济、最合理的方式。应当由政治精英行使政治权力，除非人们甘愿接受一种平庸的生活。

（三）"强力"是获得政治权力的一种方式

人们往往将"社会管理"视为"统治"，进一步将"统治"视为为所欲为，将"被统治"视为被压迫，这并非臆想，而是存在着现实基础。人是天生社会性的人，表达了对共同生活、政治权力的需求，这也在事实上形成了共同生活、政治权力。但需要明确的是，产生政治权力和掌握政治权力是两回事，前者是后者的基础。尽管掌握政治权力与满足人们的共同需要之间存在着某种事实上的必然联系，但并不存在逻辑上的必然联系，政治权力的拥有源于事实上的"强力"，"作为社会管理人控制或支配客体的一种力量或能力，政治权力本质上是特定的力量制约关系，其体现的是社会管理人和权力客体之间的不均衡状态和不平等关系"❶。卢克斯在《权力：一种激进的观点》（1974 年）一书中谈到了两点：其一，人的行为总是处在一定的社会结构和文化中，这意味着人并不能随心所欲地按自己的意志行事；其二，人们在"何为自己的利益"上会产生"错误意识"（false consciousness），常常不能认识其"真正"利益所在。在存在着统治者的意识形态渗透的情况下，这两点

---

❶ 王浦劬. 政治学基础 [M]. 北京：北京大学出版社，1995：75－76.

表现得尤为明显。基于这两点理由，卢克斯将权力的概念由主观意图转为客观利益。他提出："当 A 以一种不利于 B 的利益的方式影响 B 时，A 就会对 B 行使权力。"这种以真正的或客观的利益为前提的权力界定，虽然最终还是遭到了后来者的批评，但已明显深入权力运行的社会结构和文化背景。❶ 共同需要产生政治权力，"强力"掌握政治权力，政治权力的产生和政治权力的行使的二分，使得政治权力的行使目的与共同需要之间往往会发生错位。但是政治权力的产生与政治权力的行使之间并不是冲突的，因为两者的来源属于两个层次，前者是权力的抽象的产生，后者是指权力的具体分配。

当然，理性来看，"社会管理"并不意味着具体的个人经常直接面对国家。如果政治国家的任务仅仅是扮演消极的"守夜人"的角色，那么大多数公民一生都很难直接面对国家和政府。公民遵纪守法的原因也并不是因为法律的存在，只是在其他规范的影响下，人们的行为恰好不违反法律而已。而且公民不直接面对国家，也可以节省国家的统治成本。正如梁治平所言："个人虽然并不经常直接面对'国家'，但他们也不是生活在没有国家和不需要法律的'社会'之中……如前所述，传统的法律规则，与其说是人们的行为规范，不如说更像是发给国家官吏处罚罪行的指示。不仅如此，许多在现代法律里被视为基本和重要的事项，在传统的法律制度中或者付诸阙如，或者只有远非系统的规定。然而，这种情形并不一定表明国家和社会之间的截然分裂，

---

❶ 胡水君. 法律与社会权力 [M]. 北京：中国政法大学出版社，2011：74.

相反，表面传统的国家和社会之间可能存在着另一种结合方式，一种建立在国家与社会、法律与道德、公域与私域之间无法明确界分基础上的有机结合。这种结合的好处之一，是国家与社会直接分享同一种意识形态，法律的'不足'可以由礼俗来补充，政治统治所需的成本可以降低到最小程度。"❶ 毕竟社会管理是一个抽象的、整体的概念，共同需要并不是指每个人的需求。而且社会管理并不只是指政治权力积极地创造公共福利，更重要的是使政治权力维持一个稳定、安全、自由的秩序，政治权力能够对公民起到消极的保护作用。当政治权力发挥消极保护作用时，个人往往并不能直接感受到国家的存在。然而这并不能否认政治国家保护作用的持续性存在，也就是说，即便国家只是扮演消极"守夜人"的角色，我们仍不能否认其存在和价值。而且，当政治国家只扮演消极"守夜人"角色时，甚至国家在创造公共福利达不到一定水准时，要让大多数个人都积极承认或者同意政治权力的存在是不现实的。

三、民主和选举与防止政治权力滥用

权力具有侵犯性、扩张性和腐蚀性，由于政治权力产生和政治权力掌握之间的不同来源，使得政治权力的掌握和行使都不会受到政治权力产生目的的直接制约。为了使共同需要被满足，政治权力应当被制约。民主和选举是两种能够防范权力滥

❶ 梁治平. 法治在中国：制度、话语与实践［M］. 北京：中国政法大学出版社，2002：127.

用的方式。

（一）政治权力有被滥用的倾向

共同需要产生政治权力，"强力"可以掌握政治权力。政治权力产生和政治权力掌握之间的不同来源，使得政治权力的掌握和行使不会受到政治权力产生目的的直接制约。当"强力"这种实力对比中的优势成为掌握政治权力的原因时，能直接制约政治权力行使的只有掌握者自己，也就是只能依靠自我约束。

进一步说，权力的运行存在着侵犯性、扩张性和腐蚀性，因为权力是"这样一种可能性，即处在某种社会关系中的一个人能够不顾抵制而实现个人意志的一种可能性，而不论这一可能性所依赖的基础是什么"❶。阿克顿爵士的"权力定律"是："权力导致腐败，绝对的权力导致绝对的腐败。"❷ 孟德斯鸠也下过定论："一切有权力的人都容易滥用权力，这是万古不变的一条经验。"❸

在权力存在侵犯性、扩张性和腐蚀性的前提下，又不存在对权力直接有效的制约，权力就容易被滥用，因此，政治权力有被滥用的倾向。

---

❶　博登海默. 法理学：法律哲学与法律方法［M］. 邓正来，译. 北京：中国政法大学出版社，2004：370 – 371.

❷　阿克顿. 自由与权力［M］. 侯健，译. 北京：商务印书馆，2001：342.

❸　孟德斯鸠. 论法的精神：上册［M］. 张雁深，译. 北京：商务印书馆，1959：342.

（二）防止政治权力被滥用的理由

共同需要产生政治权力，"强力"可以掌握政治权力，政治权力的产生和政治权力的掌握的二分，使得政治权力的行使目的与共同需要之间往往会发生错位。尽管政治权力因为人们的共同需要而产生，但是，政治权力的行使又可能背离人们的共同需要。然而，但凡社会管理，政治权力的行使必然会最低限度地满足人们的共同需要。尽管共同需要与政治权力的行使目的之间发生了分离，但是共同需要与政治权力的行使之间存在事实上的相互依赖关系，也就是社会管理人与社会公众之间存在事实上的相互依赖关系。正是因为存在事实上的相互依赖关系，才使得社会管理与社会公众之间存在相互满足关系，满足社会公众的共同需要，满足社会管理人的认可需要和服从需要。社会公众的需求为认真对待权力提供了方向，社会管理人的需求为认真对待权力提出了要求。相互依赖和相互满足关系是认真对待政治权力的理由，也是防止政治权力被滥用的理由。

人们需要社会管理，也就是需要得到政治权力的满足，那么，政治权力对人们是否也有需要呢？掌握政治权力是社会管理人的核心需要，不能掌握政治权力就无法行使政治权力。对于社会管理人来说，保有政治权力是其核心诉求。然而，能够稳定地保有政治权力，必须以人们一定程度的认可、服从为必要条件，二者之间呈正相关。人们认可、服从程度越高，政治权力的掌握就越稳定，就越容易保有政治权力。即便政治权力的掌握不以人们的意志为转移，然而人们对政治权力的行使和政权的稳定有了事实上的影响力，这种影响力的表现就是认可与服从。当然，强权和暴力本身也是服从的一个理由。然而历史表明，服从的稳定性并不能完全依靠暴力手段，从来没有政府敢于宣称可以不顾及人们的共同需要。要寻求稳定的服从，社会管理人还需要指望人们的内在服从。因而，不仅人们对社会管理人有需要，而且社会管理人对人们也存在着需要，也希望获得人们的服从，二者相互满足，"公民需要统治者的保护，也需要彼此的保护，以确保统治者采取的政策符合公民的整体利益。"❶

满足人们的共同需要也是政治权力的正当性来源。一方面，满足共同需要，也就是满足人们对社会管理的需要，是政治权力产生的原因和目的，满足共同需要是政治权力理论上的正当性来源；另一方面，满足共同需要是人们服从的来源。正当性不仅是一个理论问题，也是一个现实问题。现实的正当性是人们观念的产物，人们愿意服从政治权力的安排，政治权力就具有了正当性。而人们的服从，就源于人们对政治生活的体验，在于对政治权力的评价。而对政治权力的评价就在于共同需要被满足的程度。因此，满足共同需要是政治权力在事实上的正当性来源。

相互满足关系是同时发生的，但是相互满足之间却是分前后顺序的，并不是社会管理人获得了人们的服从，然后人们的共同需要得到满足，而恰恰相反，是社会管理人最大限度地满足了人们的需要，然后才能得到人们的最大限度的认可与服从。只有满

---

❶ 赫尔德. 民主的模式［M］. 燕继荣，等译. 北京：中央编译出版社，1998：125.

足了人们的需要，才能得到人们的服从；如果不能满足人们的需要，人们就会通过反抗的方式对政治权力进行事实上的重新分配。当然，当人们可以用制度的方式对政治权力进行重新分配时，就会采取制度方式避免事实上的非制度性反抗。尽管社会公众与社会管理人之间存在事实上的相互依赖和相互满足关系，但社会管理人应当满足社会公众的共同需要，事实上，这种社会管理人确实也会在事实上一定程度地满足社会公众的共同需要。但是，这种共同需要被满足却缺乏制度性的保障。

（三）民主和选举防止滥用的路径

政治权力有被滥用的倾向，其根本原因是政治权力的产生和政治权力掌握的分离。共同需要产生政治权力，"强力"可以掌握政治权力，政治权力的产生和政治权力的掌握之间的二分，使得政治权力的行使目的与共同需要之间往往会发生错位。依据政治权力有被滥用的倾向的根本原因，防止政治权力被滥用的根本路径就是将政治权力的产生和政治权力掌握的原因统一起来，也就是将政治权力的产生和政治权力掌握的原因源于同一对象，使得掌握、行使政治权力的目的与产生政治权力的目的相一致，使得掌握、行使政治权力为产生政治权力的目的服务。

民主可以由共同体直接行使政治权力，这里所说的民主是指形式的、直接的民主，也就是共同行使政治权力，选举可以由共同体选择特定的对象并赋予其政治权力，由特定的对象来行使政治权力。民主和选举可以采取两种方式，一种是通过直接行使政治权力，另一种是通过选择行使政治权力的主体，均能够使得政治权力产生和政治权力掌握的原因统一起来，在形式上和理论上起到防止政治权力滥用的作用。而民主防止政治权力滥用的路径是通过自我行使政治权利，进行自我服务，不会造成自我伤害。选举防止政治权力滥用的路径是共同体选择特定的对象，一方面，共同体可以选择值得信任的、适合行使政治权力的主体；另一方面，如果被选择的主体背离了共同体的信任和期望，那么共同体可以通过罢免的方式取消行使政治权力的资格，那些被选择的、行使权力的主体在理论上有很大可能会认真对待政治权力，而不会滥用政治权力。

（四）选举与民主之间的关系

民主是共同体共同决议、共同行使政治权力的方式。选举与民主的关系，取决于选举的形态。理论上选举有两种形态，其一，共同体行使政治权力，但是出于便利、专业需求等方面的考虑，共同体需要选择特定的对象来行使政治权力，以便更好地发挥政治权力的作用；其二，共同体并没有直接掌握、行使政治权力，但是由谁来行使政治权力，却不是通过委任、指定来确定，而是通过选举的方式来确定，谁能得到更多的选票，谁就能当选并行使政治权力。

对于选举的第一种形态，实质上，民主和选举都是行使政治权力的方式，民主是直接行使，选举是委托行使，委托行使政治权力也是行使政治权力的一种方式和表现。对于选举的第二种形态，选举与民主并没有概念上的必然联系，选举仅仅是确定候选人的一种手段，并不是共同体行使政治权力的一种方式，要使选举成为共同体行使政治权力的一种方式，就必须以共同体能够掌握并行使政治权力为前提。

选举的第一种形态是选举是民主下的一种方式，实行民主，不得不通过选举的方式选择合适的人去行使政治权力，选举的出发点是挑选合适的人更好地实现民主；选举的第二种形态是尽管选举与民主并没有概念上的必然联系，选举的出发点是制约政治权力，但是民主是选举需要实现的价值，越是民主越能更好地发挥制约权力的作用，民主是对选举的要求，但民主不是实行选举的出发点。

四、制约政治权力是选举的目的

选举有两种形态，两种不同的形态的选举有两种不同的目的。选举的形态和选举的目的取决于政治权力的结构。事实上，人们从来就没有真正掌握过政治权力，政治权力总是掌握在少数人的手中。实行选举、制定选举制度实际上是由少部分有影响力的人决定的。人们掌握的只能是分配政治权力的权力，而且这种权力也是掌握政治权力的少数人赋予的。因此，选举的出现是为了制约政治权力而非实现民主。

（一）选举目的决定于政治权力的结构

选举有两种形态，第一种形态是委托授权，选举的目的就是挑选合理行使政治权力的人，行使政治权力的人应当按照共同体的意愿和授权目的谨慎地行使政治权力，不得滥用权力，选举的目的是授予政治权力；第二种形态是确定当选的候选人，选举是在多个候选人之间作出选择，最后由赢得选举竞争的候选人当选并行使政治权力，行使政治权力的人并不需要严格依照共同体的意愿行事，但应当履行竞选承诺，谨慎对待政治权力，不得滥用权力，选举的目的是制约政治权力。

只要是选举，不管是授予政治权力还是制约政治权力，在理论上都能起到替代专制以便防止政治权力滥用的作用。但防止选举的目的是授予政治权力还是制约政治权力，取决于政治权力的结构。如果政治权力掌握在共同体手中，那么选举的目的是委托授权，委托人能够有效地控制受委托人，共同体可以有效地控制行使政治权力的人；如果政治权力掌握在少数人手中，那么选举的目的是制约政治权力，通过候选人之间的竞争，选择最值得信赖的候选人来行使政治权力。

决定实行选举和确定选举规则的是掌握政治权力的主体，选举的第一种形态是政治权力掌握在共同体手中，共同体决定实行选举并制定选举规则，并由自身行使选举权；选举的第二种形态是政治权力掌握在少数人手中，少数人决定实行选举并制订选举规则，但将自身作为候选人，由共同体行使选举权，候选人竞争选举人的选票。

（二）人们可以行使分配政治权力的权力

政治权力产生于人们的共同需要，应当由人们掌握政治权力，即便人们不直接行使政治权力，也应当由人们分配政治权力。而"人们掌握最高政治权力"既可以表现为人们能够直接行使最高政治权力，也可以表现为人们并不能够直接行使最高政治权力，必须选择部分人来行使最高政治权力，但有确定人选的权力，也就是有确定掌握最高政治权力人选的权力。即便人们掌握了最高政治权力，也可能只是具有分配最高政治权力的权能，而不享有直接行使最高政治权力的权能。虽然"人们掌握最高政治权力"和"人们拥有分配最高政治权力的权力"是人民主权的两种不同表述，两种不同表述之间的差距仅仅只是一种权能，但前者必须以对最高政治权力的掌握为前提，后者并非要以掌握最高政治权力为前提。

拥有分配最高政治权力的权力，既可以是掌握最高政治权力而拥有分配最高政治权力的权力，也可以是并未掌握最高政治权力但拥有分配最高政治权力的权力。如前所述，人们无法进行自我管理，人们本身并不能行使最高政治权力，人们只能委托部分人进行管理，也就是说，人们享有分配最高政治权力的权力，而且这种分配权力是必须行使的。那么，是否存在共同体对最高政治权力掌握的情形呢？从现实的角度来看，人们并不能自我管理。要维护共同利益，必须产生一个独立于并高于共同体的组织或者机构。这也是共同体本身的缺陷。即便不存在有人专制地控制政治权力的情形，共同体可以自由地分配政治权力，共同体也不得不通过一定的方式选择部分人组建组织或者机构来掌握政治权力。而当共同体不得不把政治权力交给部分人的时候，这种"不得不"就使得政治权力不掌握在共同体手上。进一步说，即便假设共同体全体确实能够由自身行使政治权力，在这种情形下，与其说共同体自身掌握了政治权力，不如说共同体享有政治权力分配的权力，将政治权力分配给自身而已。但这种政治权力由全体行使的假设情况并不存在。而且在分配是"不得不"的情形下，这种分配不是主动的分配，而是被动的、被引导的分配。而当分配是被动的与被引导的，分配就成为一种使共同体不得不使用的工具，而不是共同体主动使用的工具。这是分配权力，不是授予权力，分配权力与授予权力却往往是重合的。但是分配权力与授予权力又是可以分离的，授予权力的主体一定是拥有权力的主体，而分配权力的主体可以是其他主体。但是分配权力实则来源于社会管理人的授予。不过一旦社会公众被授予分配权力，这种分配权力却可能不再是权力的附庸，而形成分配权力与权力相互制约的局面。人们的分配权力来源于政治权力的授予，而非相反，即人们通过分配权力的方式授予政治权力。

（三）人们难以直接行使政治权力

如前所述，共同体想要的是共同需求被满足，想要的是秩序和社会管理，而不是一定要由共同体直接行使政治权力。人民主权下，人们并不直接行使最高政治权力，或者说人们从来没有能共同行使政治权力，只是拥有分配最高政治权力的权力。历史证明，政治权力能够被"强力"掌握，决定实行选举、制订选举制度实际上都是由少部分有影响力的人决定的。这种分配权力也源于政治权力的赋予和转移。

美国的政治制度正是由华盛顿、麦迪逊、杰弗逊等开国立宪者共同商议决定的，美国人民获得选举权利，获得分配政治权力的权力，以及进一步选举权的扩大，都是由上层掌握政治权力的政治家决定的、赋予的。这也符合前文所论述的，政治权力因人们的共同需要而产生，政治权力因"强力"而被掌握。而直接民主发祥地——雅典城邦政制，则更能表明人们的分配权力源于政治权力的赋予。梭伦作为民选调解官，初步建立了雅典民主制度。而在梭伦执政期间，雅典城邦是走向民主道路还是走向僭主道路，主要取决于梭伦的个人意志，梭伦在当时的声望已经具备了成为僭主的条件。而且在当时的希腊，世界僭主盛行，"在这种（当时内忧外患）情况下，作为'民选调解官'，拥有大权，享有无上威望的梭伦，有利益无限期保持他的政权，成为雅典的僭主。何况公元前 6 世纪初期，是希腊世界僭主政权盛行的时期。……而且梭伦的朋友们都劝他建立僭政，不要'鱼死网中，却让它跑掉了'。但是，梭伦坚决不为所动。……最后，他要求雅典人立誓保持他的法律，他放下了政权，离开雅典到海外漫游去了。"❶ 梭伦之后的雅典城邦的历史发展证实，梭伦在当时的确可以建立僭政。梭伦离职后不久，庇色斯特拉托就在雅典城邦重新建立了僭政。由此可以得出结论，梭伦执政时期的雅典，公民的权力实则是实际掌握政治权力的梭伦所赋予的，公民的权力既包括选举的权利，即分配政治权力的权力，也包括公民直接决议的权力。当然，这种权力也是政治权力（实际掌握政治权力的人）所赋予的。也就是说，即便在雅典城邦，在直接民主的时代，人们的权力也是被赋予的，共同体从来没有能够真正掌握和

---

❶ 顾准. 顾准文集［M］. 北京：中国市场出版社，2007：97.

行使政治权力。在间接民主的时代，在代议制时代更是如此，人们享有的是政治权力所赋予的分配权力。

进一步说，假设共同体行使政治权力，共同体行使政治权力必定表现为共同体中的个人，至少是大多数的个人参与行使政治权力，而且这种参与不是形式上的参与，而是主动地、积极地、负责地、主观能动地参与，如果仅仅是形式上的参与，政治权力实则还是掌握在部分人的手中。而让个人积极负责地参与行使政治权力应该考虑两个问题：成本和激励。一方面，参与行使政治权力需要花费时间成本、交通成本等成本；另一方面，参与行使政治权力是个人行为，行使政治权力却是集体行动，个人行为在集体行动中需要个人激励。当两种因素相结合时，要寄希望于个人积极负责地行使政治权力就只能是美好的愿望。而且还需考虑到行使政治权力往往需要一定的知识储备、理性判断能力、实践经验等条件。因此，从理论上看，由共同体直接行使政治权力也是不现实的。

（四）选举出现的原因是制约政治权力

民主的制度、民主的国家都不可能缺少选举制度，民主离不开选举。因此，人们往往容易误认为，选举为民主而生，选举的目的就是实现民主。如果选举确实为民主而生，选举脱离不了民主存在，在民主出现之前尚不存在选举的话，那么确实可以认定选举的目的是实现民主，选举是民主价值实现的工具。

选举、政治选举，作为一种政治活动中的概念，处在政治权力并不由共同体掌握并行使的背景下，因此，事实上的选举，是指选举的第二种形态，政治权力掌握在少数人手中，少数人决定实行选举并制订选举规则，少数人将自身作为候选人，由共同体行使选举权，候选人竞争选举人的选票。选举的目的是制约政治权力，通过候选人之间的竞争，选择最值得信赖的候选人行使政治权力。

选举出现的原因并不是为了实现民主。选举与民主并没有概念上的必然关联，没有民主的理念也会有选举。自我标榜为民主榜样的美国，其选举历史可以证明这一点。在其建国初期，在政治制度的设计中，美国开国立宪主义者并不考虑民主的理念，美国的选举制度是为实现共和服务的，为防止专制服务的，将民主与共和对立起来，实现共和，排斥民主，"'代议民主'和'民主的国会'这些词汇的结合显得很矛盾，以致当时美国政治思想家认为'民主'是人民直接统治，而'共和'则是代议制统治。"❶ 而在英国革命时期，民主也是一个不招人待见的概念，即"自由的国家与不享受选举权的劳苦大众是共存的，穷人在经济上必不可少，在政治上却是危险的"❷。甚至有观点认为，选举、代议制与民主之间存在着对立关系，"议会化和民主化并非绝对必须有着相互联系，而是往往处于对立之中。最近，人们甚至常常认为：两者必然相互对立"❸。而且，英美两国扩大选举

---

❶ 沃尔夫冈·曼托. 代表理论的沿革 [M] //应奇. 代表理论与代议民主. 长春：吉林出版集团有限责任公司，2008：12.

❷ 安东尼·阿巴拉斯特. 民主 [M]. 孙荣飞，等译. 长春：吉林人民出版社，2005：53.

❸ 马克思·韦伯. 经济与社会：下卷 [M]. 林荣远，译. 北京：商务印书馆，1997：793.

范围，实现普选的历程也能证明，选举出现的原因不是为了实现民主而是为了制约政治权力以便防止专制。进一步说，选举作为一种选人方式，当其能撇开与民主的概念上的必然联系，充当一种选人方式时，就意味着它与专断的选人方式相对应，取代了专断的、专制的方式，成为一种制约专断、制约政治权力的方式。这样，选举产生的原因只能是制约政治权力。

　　尽管选举出现的直接原因并不是为了实现民主，但是选举确实是实现民主的一种必要手段，有民主就不能没有选举，而且现代选举国家无一会宣称选举制度不民主。因此，尽管选举与民主之间没有概念上的必然联系，但是二者之间却存在事实上的必然联系。这是因为：一方面，民主是选举要实现的价值，民主的价值是对选举的要求，越是民主的选举就越能发挥制约政治权力的作用；另一方面，在直接民主形式不能涉及之处，不得不采取选举的方式。要实现政治民主就一定会实行政治选举，所以出现了类似"选举是民主的本质"❶"选举是民主的核心"❷ 的表述。选举是为了制约政治权力而产生，但又能实现民主的价值。要进一步明确选举的出现是为了制约政治权力，就应当区分"选举出现"的原因和"选举适用"的原因，决定适用选举和实行选举的出发点可以是民主，但是选举出现的原因则是制约政治权力。

---

　　❶❷　塞缪尔·P. 亨廷顿. 第三波：二十年之后看未来［M］//刘军宁. 民主与民主化. 北京：商务印书馆，1999：423.

第三节 选举能够发挥制约政治权力的作用

选举是候选人争夺人们选票的活动和制度，争夺选票的背后是争夺政治权力。一旦有了选举，那么获得政治权力的方式就不再是"强力"，而是选举人的同意，以选举人选择的方式替代强力，确定行使政治权力、进行社会管理的政治精英。政治权力的获得要经过选举人以投票方式表达的同意。获得和行使政治权力的前提，应当是能够使选举人信任候选人会认真对待权力，满足选举人的共同利益。选举正是通过这种选择方式以及任期制规定和制约政治权力的行使。

一、选举通过分配制约政治权力

相互依赖关系是政治权力稳定的基础，相互满足关系为政治权力提供正当性基础。但是相互满足只是一种"期望"，"期望"意味着"期望应当这样"，但是"应当"往往并不能成为现实。选举作为一种制度，就能使这种相互满足关系稳定，使事实上的相互满足关系成为制度化的相互满足关系。由人们选择候选人，候选人就不得不最大限度地满足人们的期待，就好像切蛋糕的人不能分蛋糕，那么切蛋糕的人必须将蛋糕分成均匀的两块。切蛋糕的人不分蛋糕就是一种制约制度，选举也是一样的制约制度。选举使候选人不得不满足选举人的共同利益，也增加选举人对候选人的认可、服从程度，使选举人和候选人、社会管理人与社会公众之间相互依赖、相互满足的关系制度化，"经常进行选举，会使统治者和被统治者产生一种幻觉，即它们谁也离不开谁，只有这样，政治社会才能生存下去。"❶

（一）选举是分配政治权力的手段

从自然法理论看，政府和政治权力是人民让渡权利的产物，政府的成立是"人民主权"的表现，政府的权力源于选举人的"同意"和"授权"。而选举人正是通过选举的方式，同意将政治权力授予赢得选举之人，并由赢得选举之人代替选举人行使政治权力。然而，自然法理论建构和期望的权力授予模式是否能成为现实？引入了选举制度，由选举人选举官员和代表，是否就能确信政治权力源于选举人的授予？虽然对于官员或者代表，只有通过选举才能获得政治权力，选举确实是获得政治权力的方式，官员或者代表正是通过选举而被授予了政治权力，政治权力通过选举的形式授予给官员或者代表。由选举人选举官员或者代表，官员或者代表获得政治权力，也就是说，官员或者代表是政治权力的输入端，但是选举人通过选举和投票表达了对具体当选官员或者代表而获得政治权力的"同意"，是否选举人就是权力的输出端？在逻辑上有两种可能，第一种可能就是自然法理论主张的，也就是选举人就是权力的输出端，选举人将自身所有的政治权力通过选举的方式授予特定的人；第二种可能是政治权力并不

❶ 让·马里·科特雷，克洛德·埃梅里. 选举制度［M］. 张新木，译. 北京：商务印书馆，1996：141.

是选举人所有，选举只是将既存的政治权力进行分配的一种方式，选举人并不是政治权力的输出端。进一步说，正如班级通过民主投票的方式选出"三好学生"，虽然全班同学以投票的方式表达了一种"同意"，但是"三好学生"的称号并不是全班同学赋予的，而是学校赋予的，全班同学的民主投票只是"三好学生"荣誉进行分配的方式。正如"三好学生"由班级共同投票选出的方式，既可能是学校自身的决定又可能是学校在学生的要求下作出的决定。选举既可能源于政府自由的决定和安排又可能是源于因选举人的争取而使政府不得不决定采取选举的方式。可见，选举并非一定是授予权力，尤其在选举规则并不是由选举人决定的情形下。但是，选举作为一种通过共同表决以确定人选的方式，可以确定的是，选举的方式能够确定某个人占据某个位置，这个位置要么附带权力，要么附带荣誉，要么附带利益，或者附带其他。实际上，选举一定是一种分配政治权力的手段。

（二）分配权力是制约权力的手段

专制是单向的，相互满足关系是双向的，即便专制也存在着事实上的相互满足关系，但是这种事实上的相互满足关系并不足以制约政治权力的行使，唯有将相互满足关系制度化，才足以制约政治权力的形式。换言之，选举作为相互满足关系制度化的手段，也是控制政治权力的手段。也就是说，相互满足关系的制度化是对专制的替代。而分配就是使得相互满足关系制度化的一种制度，由社会公众选择社会管理人，社会管理人负责管理社会公众的社会事物，社会管理人就得认真对待政治权力，为社会工作的共同需求而考虑。

选举是分配政治权力的手段，选举也能够制约政治权力。只是选举作为制约权力的基础手段，仅靠选举这种形式并不足以限制权力。选举与政治制度、政府的合法性紧密相关，"选举使政治制度具有合法性。"❶ 毕竟选举是为制约权力、替代专制而生的一种制度，因此，"只有当一个政府受到有效的限制时，它才是合法的。"❷ 由于选举是一种制约权力的手段，因此只要有其他足以制约权力的手段产生，就可以不需要选举，甚至有学者指出："在一个民主国家，选举也许是多余的，如果人们有抗议、批评、组织、示威和游说其统治者的自由，选举将是不必要的。"❸ 但是，选举制约政治权力，并不是直接地、持续性地针对权力进行制约，直接制约权力还需要法治手段。

（三）选举是对候选人的一种考验

由于政治权力的巨大吸引力，选举表现为候选人争取选举人的选票，而非相反，由人们主动地挑选合适的人选。这是选举至关重要的、需要被明确的特征。"民选官员是其大多数人们的喉舌这种情况通常与事实不符……当我们说人们'选择'他们的

———————————

　　❶ 哈罗德·戈斯内尔，理查德·斯莫尔卡. 美国政党和选举［M］. 复旦大学国际政治系，译. 上海：上海译文出版社，1980：103.

　　❷ 约翰·阿克顿. 自由与权力：阿克顿勋爵论文集［G］. 侯建，范亚峰，译. 北京：商务印书馆，2001：343.

　　❸ 缪勒. 民主与拉尔夫的杂货店、选举、平等与最低限度的人［M］//塞缪尔·P. 亨廷顿. 第三波：20世纪后期民主化浪潮. 刘军宁，译. 上海：上海三联书店，1998：7.

代表时，我们的用语不很精确。事实是，代表使他自己被人们选举。"❶ 在选举中，候选人是主导者，其在选举过程中发挥着积极的、主动的作用；而选举人则是被主导者，其在选举过程中是被引导的。候选人要想争取到选举人的同意，必须"迎合"人们。选举人在选举过程中是被引导的，但是这种被引导也是一种被"迎合"式的被引导。如何在众多竞争的候选人中脱颖而出，如何更能"迎合"选举人，便是对候选人的一种考验，这种考验是对候选人、对官员和选民代表的一种制约。"贵族们为了赢得选举，不得不服膺于一种连他们自己都不接受甚至在心灵深处厌恶的原则。……既然他认识到民主已经成为时代压倒一切的主题，如果依然坚守自己原来的政治原则，将不会有望建立自己的政党组织，他极力掩饰自己的真实想法，与民主这群狼一同嗥叫，以确保那个让人垂涎的多数。"❷

选举正是通过对候选人的考验而发挥制度化作用，这种考验恰恰也是候选人提升个人素质，不断满足选举人的共同需要的动力来源。担心没有选举的是选举人，选举的不存在是对选举人的威胁，而不是对候选人的威胁；选举的存在，不是对选举人的考验，而是对候选人的考验。合法的选举，并不能从正面保证选出最优的人选，但能最大限度地从反面防止选择伤害人们共同利益的人选。

---

❶ 加塔诺·莫斯卡. 统治阶级 ［M］. 贾鹤鹏，译. 北京：译林出版社，2003：212.

❷ 罗伯特·米歇尔斯. 寡头统治铁律：现代民主制度中的政党社会学 ［M］. 任军锋，等译. 天津：天津人民出版社，2002：5－6.

（四）选举是满足共同需要的方式

制约权力是形式性要求，实现公共利益是目的性要求，形式性要求是第一性的，目的性要求是第二性的，目的性要求是通过形式性要求实现的。制约权力不一定能够实现公共利益，但是权力不受制约存在伤害公共利益的潜在可能。相互满足关系制度化能够有效地制约权力，达到选举人与候选人之间的均势，使得候选人当选后从应当满足人们的共同需要转变为不得不满足选举人的共同需要，或者说强化了满足人们共同需要的应当性和可能性。候选人在当选之后就会恪尽职守，就会为了公共利益而努力，就会尽最大努力去保障和发展公共利益，并能够保障选举人的生活，提升人们的幸福感。

然而，选举并不是直接要求候选人满足人们的共同需要，选举的存在要求候选人能够在竞争者胜出而成为当选人。而期望在竞争中胜出，候选人就不得不展现出令人们信服的表现，其中必要的就是能够令人们信赖其会满足人们的共同需要。满足人们共同需求的最低限度就是不得滥用政治权力。候选人不得不满足选举人的共同需要，与其说是候选人的直接目的，不如说是候选人为赢得竞争成为当选人的手段。选举人的目的是共同需要能够得到候选人的满足，候选人的目的是能够胜选并掌握政治权力。相互满足关系通过选举而制度化，但是相互满足关系的实现，事实上是通过候选人之间竞争完成的。在相互竞争中，最令人们信服的、最可能更好地满足人们期待的候选人，才能成为当选人。而候选人为了赢得竞争成为当选人，就会想方设法地展现其最好的形象，最大限度地满足人们的共同需要。

满足人们共同需要的方式，自然是获得人们认可、服从的方式。而且，选举的形式本身就能在一定程度上树立权威。"除城市共和国以外，基督教会的历史一直推动着以选举程序作为任命官员的正常方法，如教皇的选举，以及宗教会议和寺院中授职的程序等。这些选举的实践对于选举民主的发展都有重要的意义。不过总体来看，在 19 世纪以前，由于没有实现普遍的选举权，所以选举的范围和广度都非常有限，并且由于社会等级分明，所以当时的选举是不具有普遍的民主性的，选举活动仅仅局限于精英阶层内部的小范围内。在所有这些情况下，选举并不意味着行使主权，而主要是树立权威的一种方法。"❶

二、政治精英是选举的必然结果

尽管选举的出发点是制约政治权力，而不是选择优秀官员，即政治精英，但选举一定会产生政治精英，政治精英是选举的必然结果，因为政治精英拥有赢得选举的优势。而精英在政治活动中的优势，不仅在于选举过程使其具有进入政治体制的准入优势，更在于其进入政治体制之后，在政治权力的行使和社会管理中具有的知识和能力的优势。无论是从社会管理的主体来看还是从管理的运行过程来看，精英管理是不可避免的事实，应当理性地看待政治精英的存在这一事实。

---

❶ 贝尔特朗·巴迪耶. 民主与宗教：文化逻辑与行动逻辑［M］//中国社会科学杂志社. 民主的再思考. 北京：中国社会科学杂志社，2000：260.

（一）精英有赢得选举的优势

选举是一个实践活动，选举是由候选人引导的，是候选人争取选举人选票的活动。候选人争取选举人的选票，换言之，就是选举人给候选人投票。为什么选举人给特定的候选人投票？在选举中，实质上就是选举人受到了候选人的"支配"，而这种支配并不是源于直接的支配，而是间接的支配，即不是通过直接的强制方式进行支配，而是通过间接的影响力进行支配。这种影响力下的支配，实则也可以认定为是一种意志的强加，"在选举中，以及在社会生活的所有其他方面，那些意志坚定并特别具有道德、知识和物质手段把他们的意志施加给他人的人，领导着其他人，并命令着他们。"❶ 这种影响力，可以基于美德、仪表、能力、学识、财富、血缘、人脉等优势因素，而影响力往往是综合性的，并不仅仅是某一项内容，除非在特定的情形对候选人有特定的要求。尽管与影响力有关的某些因素可能是先天的，有些因素并不是特定人特有的，大多数人也许会在某一些方面占据一定的优势，但优势不能直接成为影响力，优势是产生影响力的基础，要有影响力，还得将优势因素展现出来，并且在竞争中取得胜利。而这种展现需要成本，需要展现的范围越大，成本就越高，这种成本往往只有特定优势群体才能承担。而且，优势因素往往是后天培养的，即便先天具备也难以形成优势。但是优势群体能够让优势因素进一步发展。而且，选举人也愿意选

---

❶ 加塔诺·莫斯卡. 统治阶级［M］. 贾鹤鹏，译. 北京：译林出版社，2003：212.

择富有并具有人脉的、有能力的和超越自己的人，选举人并不会因为其有钱就拒绝选他。即便政治参与扩大，大众在不断蚕食着贵族和精英的传统领地，但只要仍然选择选举的形式，就不会影响实际的管理者仍然是精英的事实，只是统治策略和方式发生了变化。

由此可见，在竞争性的选举活动中，精英具有更大的影响力，具有更大的获胜可能。政治精英、优秀政治家不是通过人们主动选择产生的，而是通过候选人赢得竞争产生的。选举是精英主导的选举，"在实行选举的地方，选出的代表往往是比一般公民更富有、受过良好的教育、更聪明的人，有鉴于此，代议制或选举民主政体不仅很大程度上取消了人们直接参与自我管理的权利，似乎同时形成了对政治平等的贵族式的偏离。"❶ 而"大部分公民有足够的参选能力，却不具有足够的被选能力。同样，人们有足够的能力听取有关管理事务的报告，却不适宜于自己进行管理。……在民主政体下，人们分为若干等级，伟大的立法者就是以其划分等级的方式显示其出众的才华，民主持续的时间及其发达程度，始终与等级的划分息息相关"❷。亚里士多德和孟德斯鸠都认为，但凡是选举，就不是普通公民能当选的，只有抽签才能实现均等的当选机会，"就任用行政人员而论，拈阄（抽签）法素来被认为属于平民性质，选举法则属于寡头性质"❸。

❶ 马克·普拉特纳. 自由主义与民主：二者缺一不可 [M] //刘军宁. 民主与民主化. 北京：商务印书馆, 1999：77.

❷ 孟德斯鸠. 论法的精神：上卷 [M]. 许明龙，译. 北京：商务印书馆, 2012：20.

❸ 亚里士多德. 政治学 [M]. 吴寿彭，译. 北京：商务印书馆, 1965：201.

"用抽签的方式进行选举符合民主政治的性质，用挑选的方式进行选举符合贵族政治的性质。……用抽签的方式进行选举不会让任何人感到委屈，它给予每个公民以服务祖国的合理期盼。"❶ 事实上，"在历史上，除偶尔的间断外，各民族始终是被精英统治着。"❷

（二）精英能更好地行使权力

精英在政治活动中的优势，不仅在于选举过程使其具有进入政治体制的准入优势，更在于其进入政治之后，在政治权力的行使和社会管理中所具有的知识和能力的优势。行使政治权力、进行管理并不是普通人所能胜任的，它对个人素养、知识、能力等均提出了较高要求。密尔认为，社会管理、政府管理必须由具备知识、智慧、包容等优秀素质的人胜任，而不是由一般公民胜任，"知识的缺乏对好政府所有要素方面的不利影响是不需要作出任何说明的。政府管理是由人们的行为组成的，如果行为者，或选择行为者的人们，或行为者须对之负责的人们，或其意见应当影响和制约所有这些人的旁观者们，都只是无知的、愚蠢的和具有可被的偏见的群众，则任何政府管理都将搞不好。"❸ 毕竟，人们的共同需要、公共利益，并不是人们直接表达的，而是社会管理人、精英发现的。而对人们的共同需要的满足，实现公共利

❶ 孟德斯鸠. 论法的精神：上卷［M］. 许明龙，译. 北京：商务印书馆，2012：20.

❷ 维尔弗雷多·帕累托. 精英的兴衰［M］. 刘北成，译. 上海：上海人民出版社，2003：13.

❸ 约翰·密尔. 代议制政府［M］. 北京：商务印书馆，1982：26.

益和发现人们的需要、公共利益一样，都需要知识、能力等因素的支撑。

（三）理性看待精英的管理

无论是从社会管理的主体来看还是从管理的运行过程来看，精英管理是不可避免的事实。雅典城邦虽然引入了抽签制度，但是抽签制度并不是简单地从所有的公民中随机选择执政官。对于获得抽签资格，也存在着条件限制，抽签资格需要审查。实际上，只有那些拥有知识、才能的精英才能获得抽签资格，"为了矫正抽签的缺陷，他（梭伦）又规定，只有自荐者才能当选，而且，当选者必须接受仲裁官的审查。任何人都可以对当选者提出不配当选的指控，这种办法兼具抽签和挑选之利。官员任期届满时，还要就他任期内的品行接受一次审查，缺乏才能的人当然羞于自荐为候选人参与抽签"❶。进一步说，即使雅典城邦存在绝对公平的抽签制度，雅典也确实是由精英统治的。因为雅典城邦的政权并不掌握在那些通过抽签担任职位的人的手中，当执政官是通过抽签产生时，执政官的实权已经大大降低，雅典城邦的政权并不掌握在执政官手中，而是掌握在通过选举产生的将军手中，"将军职位不是通过抽签来选择，悉选举而来，大工商业奴隶主经常垄断这种职位，所以，国家政权实际上掌握在上层工商业奴隶主手中。"❷

---

❶ 孟德斯鸠. 论法的精神：上卷［M］. 许明龙，译. 北京：商务印书馆，2012：21－22.

❷ 李天祜. 古代希腊史［M］. 兰州：兰州大学出版社，1991：319.

虽然精英管理是不可回避的事实，但是精英管理却是精英和人们都不愿意承认的概念。精英统治意味着不公平、不平等。选举制度虽然表面上对所有人开放，但是人与人之间存在着事实上的不平等，存在着适用制度上的不公平。承认精英统治就意味着要承受弱者对强者的怨恨。然而，"人的生活就涉及一种奇怪的谬论：它似乎需要不公，因为向不公斗争才能唤起人性中至高的东西。"❶ "一个文明，如果沉湎于不可收拾的平等意识，狂热地寻求消除不平等承认的一切形式，就会很快陷入自然本身所设置的限制之中。"❷ 不平等、优越意识是理想社会生活的必要条件，"甚至在我们这个平等的、民主的世界里，也会秘密地保留一定程度的优越意识。因为尼采的如下观点是绝对正确的：某种程度的优越意识是生活本身必要的前提条件。一个文明，如果没有任何人想要别人承认自己比他人更好，而且不再在某种意义上肯认这种欲望基本上是健康的和良善的，那么，它基本上就不会有艺术和文化，音乐或思想生活……优越意识向来是一种道德上模棱两可的现象：生活中的善举和恶性同时且必然出自优越意识。"❸

---

❶　弗朗西斯·福山. 历史的终结与最后的人［M］. 陈高华，译. 桂林：广西师范大学出版社，2014：320.

❷　同❷：323.

❸　弗朗西斯·福山. 历史的终结与最后的人［M］. 陈高华，译. 桂林：广西师范大学出版社，2014：320.

三、选举的最终目的是满足共同需要

选举不是授予权力，而是对政治权力进行分配。不是向选出的当选人赋予权力，而只是同意其占据一个职位，然后可以行使相应的权力。与选举人投票相比，是选举人向候选人授权的表述，选举人投票是分配权力并制约权力的工具的表述，更符合选举的内容和现实。人们向政府表达的是诉求，如果是授权，那么对应的词汇就是要求。而诉求对应的就不会是授权，与要求相比，诉求的意思偏向于请求。因此，选举中选举人的同意，只是一种形式上的同意，并不带来选举人关于服从的道德责任，这种同意不代表服从。

（一）选举中的同意是制约的实践方式

选举是共同表决的一种方式，选举的结果对共同体有效力，也就是对共同体中的每一个个体产生效力。然而这种同意并不是能够带来责任的同意，这种同意只是形式的、外在的同意，而不是源于内在的真正同意。真正的同意是应该满足自由、理性条件的。事实上，在选举活动中，部分人并未通过投票的方式表达同意，"沉默意味着同意。……不管怎么说，这是一个错误的等式，有时是一个严重误导人的等式。未能积极予以反对或否决可能导致下述所有反应之一：面对权力害怕或谨慎、冷漠、意志瘫痪、阴沉的顺从、完全的无助、无知的感觉或者奉承的习惯。任何一种或所有上述反应都可能潜藏在沉默的表面下。它们明显不能等同于同意。"❶ 而且，人们是不得不在有限的选项中进行选择，绝大多数人的选举并不能真正地表达其个人意志，投票往往至多表达人们的偏好，而不是人们的意志。"在像不列颠这样的选举体制下，在两个或者以上的政党分享选票的情况下，一个政府往往是由最大少数派选上台的，政府也只是代表了最大少数派。"❷

尽管选举表达的同意是基于一种共同规则之下的同意，也就是假设每个人都能够接受选举规则，然后选举结果才能有效，但是这种共同规则的假设却不是真实存在的。由于在选举中人们是通过投票表达同意的，并不是主动地、全面地、理性地和自由地表达意志，那么选举中的这种不真正的同意，并未带来服从的义务，人们并不会因为这种同意而表达道德上的服从。

(二) 服从源于共同需要得到满足而不是同意

人们遵守约定的最主要原因就是能够得到好处，因此不能忽略合同的互惠性质，合同往往因为互惠才能得到更好地履行。即便是双方自由的意思表示，显失公平的合同也是可撤销的。而且从履行的角度来看，基于双方承诺履行的合同，如果并不能实现互惠，那么往往会产生违约。在没有权力保障的情况下，可以选择承诺，也可以选择反悔。服从，在很大程度上并不在于承诺，而在于承诺本身往往会带来好处。没有好处就不会承诺，失去了互惠下的好处，承诺便没有意义。更何况在承诺本身还存在瑕

---

❶ 安东尼·阿巴拉斯特. 民主 [M]. 孙荣飞，等译. 长春：吉林人民出版社，2005：127 – 128.

❷ 同❶：5.

疵，并不是真正自由的、理性的意思表达的情形下。即便双方并没有达成协议，如果基于其他原因发生了互惠的交易，双方也会认可交易的结果。

服从的义务作为事实上的义务，严格来说，并不是义务，而是一种事实上的服从表现。这种服从表现并不源于真正的同意，而是人们的共同需要得到满足，是互惠得到了满足。服从并不基于一种形式的满足，而是基于一种实质利益的满足。但并不能说服从与人们的同意毫无联系，毕竟人们的共同需要得到满足与人们的同意相联系。候选人为了争取人们的同意而不得不满足人们的期望，然而候选人不得不满足人们的共同需要与事实上能够满足人们的共同需要之间存在着张力。如果说人们的同意与服从之间存在直接联系，那么只能在"否定"意义上去讲，没有形式上的同意，可能会带来不服从。反过来说，形式上的同意能够增加服从的程度，但不是绝对的。

（三）同意是选举进行的必要环节

同意并不是真实的意志表达，仅仅只是一种必不可少的环节，因为有选举就必须存在同意。因此，即便大多数人弃权，甚至多数人并没有被赋予选举权，选举的结果依然有效。因为选举的存在，选举的结果是否有效，并不在于选举过程吸纳了多少人的同意，而在于选举这种形式是为了制约候选人，是为了制约政治权力。当然，有些选举要求一定比例的人出席，但这也不是为了吸纳更多人的意见，而是为了防止投票容易被操控，也是为了达到实现制约候选人的目的。

进一步说，投票与个人利益和意志的表达往往没有直接关联。"作为现代政权合法性的基础，选举民主在否定意义上伸张了人民主权原则。但是，这种合法性却是形式的合法性，与民众的伦理道德追求和实际物质生活无太多关联。也就是说，选举民主与人们生存状态的改善并无多大关联，有尊严的生活之实现还是要完全靠自己在私人领域和自由市场中的努力。既然如此，到底由谁来统治对人们来说基本上就是一件无所谓的事情，政治冷漠因而就成为选举民主中不可避免的一种现象。这样一来，选举民主不过是在抚慰在具体政治行为方面产生的不满和疑虑，增加对本制度的合理性和民主性的认识，进而培养了一种顺从未来的行为习惯。"❶

（四）同意是对候选人公共利益观的确认

选举中的投票和同意只是表达个人的偏好，只能在有限的选择中表达自己的偏好，选择偏好的对象，并不能由个人无限自由地表达意志和观点。尽管选举只是选择偏好的对象，但是这种偏好往往又表现为对候选人的信任，选择候选人能够符合自己的期待，但是这种期待不是人们对候选人提出的要求，而是候选人已经表现出来的特征符合人们的期望，要么是候选人的品质、能力，要么是候选人的成绩，要么是候选人的候选理念，或者其他。尽管人们偏好一个候选人可能仅仅基于情感原因，但是这种偏好的特点，如美德、才华、背景，甚至外观，往往与信任候选

---

❶　托马斯·戴伊，哈蒙·齐格勒. 民主的嘲讽［M］. 孙占平，等译. 北京：世界知识出版社，1991：224－225.

人能够保障共同利益有关。偏好实际上建立在潜在地信任候选人能够保障公共利益的基础之上。如果潜在地认为候选人可能伤害公共利益，这种偏好就不会存在。因此，表面上选择候选人只是表达一种个人偏好，但实际上，是对候选人表达或展现出的公共利益观点的认可，是表达对公共利益的一种确认。候选人中谁当选就意味着此人的公共利益观最能得到人们的确认，尽管这种公共利益观并不总是直接被表达出来。表面上是选择一个人，实质上是选择一种公共利益观。

候选人的公共利益观是基于候选人的理性建构的，之后经由人们的考验和确认。尽管哈耶克反对建构主义，"在哈耶克看来，建构主义只是过去三百年的自负，尤其是部分法国思想家，包括笛卡儿和伏尔泰，都认为人的大脑足以理解人类社会的工作方式。这导致了哈耶克所谓的铸成大错，如法国和布尔什维克的革命。"❶ "哈耶克认为，社会秩序不是自上而下的理性计划的结果，而是在数百或数千个分散个人的互动中自发产生的。"❷ 然而，社会秩序的建构，公共利益的实现，并非一定要在自上而下的理性建构和自下而上的自发产生之间非此即彼地作出一个选择。选举便能够打破理性建构和自发产生之间的隔阂，将在上的理性欲建构的秩序经由在下的自发产生的秩序观念的考验，能够取长补短，压制理性建构的自负和提供自发产生在智识上的不足。

---

❶ 弗朗西斯·福山. 政治秩序的起源：从前人类时代到法国大革命 [M]. 毛俊杰，译. 桂林：广西师范大学出版社，2014：228.

❷ 同❶：229.

在下自发产生的观念实则就是舆论，理性建构要经过舆论的考验，因此理性建构本身就必须以舆论为基础。事实上，只要存在制度化的相互依赖关系，政府就应当最大限度地回应人们的需要。人们的共同需要会体现在舆论之中，政府必须关心舆情，候选人也必须了解舆情。"被统治者的舆论是一切统治的真正基础。"对舆论的关注也成为协调统治与被统治关系的因素，"如果是这样的话，选举便成了达到某种目的的手段——目的是'舆论'的统治，即对公众舆论作出回应和负责的统治。总而言之，我们说选举必须是自由选举，这话是不错的，但还不够充分。从某种意义上说，舆论还必须是自由的。没有自由舆论的自由选举毫无意义可言。我们说人们必须享有主权，但没有发言权、没有自己意见的空洞主权，不过是一种追认权，一种空洞无物的主权"❶。

因此，虽然选举人并不能直接表达意志和观点，但是选举和投票使得选举人总是能够制约着关于公共利益的观点和决策，"他（普通公民）可能在政治上无知，但是他在那儿，并且有效地制约着决策。……不起作用的公众舆论是没有的，但无所不能的公众舆论也是没有的。……普通投票者很少行动，他只作出反应。政治决定很少来自拥有主权的人们，但要提交给他们。舆论形成的过程不是从人们开始，而是通过他们形成。"❷ 选举作为

---

❶ 乔万尼·萨托利. 民主新论：上卷［M］. 冯克利，阎克文，译. 上海：上海人民出版社，2015：139.

❷ 乔万尼·萨托利. 民主新论：上卷［M］. 冯克利，阎克文，译. 上海：上海人民出版社，2015：199.

一种制约权力的方式，制约权力是第一性的，但正是因为其制约功能，就能使得第二性的公共利益的需要被满足，尽管这种公共利益的需要并不能通过选举直接表达。

四、政治权力要求对选举进行限制

选举是一种对政治权力进行制约的工具，不受制约的政治权力有被滥用的倾向，政治权力可能对人们的共同利益造成伤害。但是，政治权力也是人们共同利益的保障，政治权力正是来源于人们对于共同生活的需要。可见，不能一味地限制政治权力，以免过度限制和缩小政治权力施展的空间，难以发挥其应当具有的作用。政治参与（选举）有扩大的趋势，选举的扩大不仅是范围的扩大，而且是对政治权力影响力的扩大。然而选举的目的是制约政治权力，政治权力是第一性的，选举是第二性的，政治权力的保障应当优先于选举的扩大，选举扩大应基于政治制度的成熟。

（一）政治参与（选举）扩大的趋势

亨廷顿曾指出政治参与扩大的现代政治的一个特征，"政治现代化涉及权威的合理化，结构的分离和政治参与的扩大三个方面。"❶ 政治参与是分享政治权力的一种形式，在政治领域获得权力不但有利于实现个人利益，而且更能获得在政治领域的话语

---

❶ 塞缪尔·P. 亨廷顿. 变化社会中的政治秩序 [M]. 王冠华，刘为，等译. 上海：上海世纪出版集团，2008：78.

权，能够更大限度地实现个人承认（寻求个人承认之后会有论述）。因此，政治参与有扩大的趋势。政治参与的扩大主要表现在选举范围的扩大。"选举权的范围越扩大，人们越想把它扩大，因为在每一次得到新的让步之后，民主的力量便有增加，而民主的要求又随其力量的增加而增加。没有选举资格的人奋起争取选举资格，其争取的劲头与有选举资格的人的多寡成正比。最后，例外终于成了常规，即接连让步，直到实行普选为止。"❶ 选举权范围的扩大是政治参与扩大的一种形式，但是针对选举的政治参与扩大并不限于选举权范围的扩大，还基于对选举规则的突破，使得选举权人能够拥有更大的选举自由。在普选权实现以后，政治参与的扩大往往是指对现有政治制度的突破。

既然是政治参与就必须在政治制度的组织和安排下进行，否则就不是政治参与，而是大众参与。亨廷顿对政治参与和大众参与作了区分，亨廷顿将大众参与政治也当作政治参与，但不属于参与政治，"群众社会和参与社会两者都具有高水平的政治参与。它们的区别在于各自的政治组织和程序的制度化程度。在群众社会中，政治参与是无结构的、无常规的、漫无目的和杂乱无章的。……而参与政治则不是这样，它的民众高度参政是通过政治制度来进行组织和安排的。……但是，无论哪种形式，参与总是广泛的和通过合法渠道加以组织和安排的。大众参与政治并不意

---

❶ 托克维尔. 论美国的民主：上卷［M］. 董果良，译. 北京：商务印书馆，1997：63.

味着大众控制政府。"❶ 当然，不区分参与政治和政治参与也可以区分政治参与和大众参与。

政治参与的扩大也意味着民主的扩大，但民主的扩大和政治参与的扩大本身并不意味着公共利益的扩大，毕竟公共利益的获得不是通过政治参与直接获得，而是通过政治权力的行使获得的。萨托利认为，政治参与的扩大与人们生活的改善并没有必然联系，"民主至少在下述两个方面几乎始终存在扩展的可能性：一是有权投票的人的范围，二是由民主程序决定问题的范围。但是，恰恰是在这两个方面，我们不能简单地认为对民主所做的任何可能的扩展都会对人类有益——仅就投票权而言，尽可能地扩展民主的可欲性并不是不可争辩的，这一点实际上已为每个人所默认。根据任何民主理论，人们都很难将普选权的每一种可能的扩展视作一种改善"❷。

（二）政治权力的保障优先于选举扩大

政治权力和国家能力产生于共同需要，政治参与（选举）用来制约政治权力，对政治权力的需要是第一性的，对政治权力的限制是第二性的。作为第二性的对政治权力进行限制的目的不是消灭政治权力，而是更好地行使政治权力，因此，在逻辑上，国家能力（政治权力）的保障应当优先于政治参与（选举）的

---

❶ 塞缪尔·P. 亨廷顿. 变化社会中的政治秩序 [M]. 王冠华，刘为，等译. 上海：上海世纪出版集团，2008：67-68.

❷ 弗里德利希·冯·哈耶克. 自由秩序原理 [M]. 邓正来，译. 北京：生活·读书·新知三联书店，1997：178.

扩大。西方政治历史进程也证明了这一点，基于权威合理化和机构分离的政治体制、国家能力建设先于政治参与，"在美国，都铎式的政治制度和大众参与融于一个政治制度之中。至今，这种融合之不可思议，至今无人能加以复制。而在欧洲，权威的合理化和机构的分离明显先于政治参与的扩大"❶。

　　国家能力（政治权力）的保障依托于成熟、稳定的政治制度，而政治参与往往会破坏现有的政治制度，如果现有政治制度过分包容政治参与对其产生的破坏，或者政治制度成长的速度跟不上政治参与扩大的速度，就必然引起社会动荡。亨廷顿认为，"如果一个社会要维系高水平的共同体，政治参与的扩大必须伴随着更强大的、更复杂的和更自治的政治制度的成长。但是，政治参与扩大的后果通常破坏传统的政治制度并阻碍现代政治制度的发展。因此，现代化和社会动员其实都趋向于造成政治衰朽，除非采取措施缓和或者限制其对政治意识和政治参与的冲击。"❷"在很大程度上，这（暴乱和动荡）是社会急剧变化、新的社会集团被迅速动员起来卷入政治，而同时政治体制的发展却又步伐缓慢造成的。……亚洲、非洲和拉丁美洲国家的政治不稳定的发生正是由于没有满足这一条件：政治参与的平等提高过快，其速度远远超过了'处理相互关系的艺术'的发展速度。"❸由此可见，能够抵抗住政治参与扩大带来的冲击的政治制度是政治社会

---

❶　塞缪尔·P. 亨廷顿. 变化社会中的政治秩序［M］. 王冠华，刘为，等译. 上海：上海世纪出版集团，2008：98.

❷　同❶：65 – 66.

❸　同❶：4.

稳定存在的必要条件，"政治制度软弱的社会缺乏能力去抑制过分的个人或地区性的欲望。……没有强有力的政治制度，社会便缺乏确定和实现自己共同利益的手段。创建政治制度的能力就是创建公共利益的能力。"❶ "制度化程度低下的政府不仅是一个弱的政府，而且是一个坏的政府。政府的职能就是统治。一个缺乏权威的弱政府是不能履行其职能的，同时它还是一个不道德的政府，就像一个腐败的法官、一个怯懦的士兵或一个无知的教师是不道德的一样。"❷

强化政治权力，提升国家能力也是对付敌人的唯一手段，"各民主社会，尤其是民主国家，必须准备保卫自己。遥远的过去以及最近的民主社会的经验显示，不论民主的其他条件实行得多么好，如果这个社会不能战胜或击退它的敌人，也将功亏一篑。"❸

（三）选举扩大应基于政治制度的成熟

一方面，政治参与的扩大会冲击政治制度。在欧洲，政治参与的扩大是从贵族扩大到上层资产阶级的，然后再到下层资产阶级，最后到农民和城市工人。随着普选权的扩大，则造成了政治的不稳定，控制议会就能够控制政府，关于什么人能够享有选举权的斗争常常是激烈的，甚至会通过暴力的手段。

---

❶ 塞缪尔·P. 亨廷顿. 变化社会中的政治秩序 [M]. 王冠华，刘为，等译. 上海：上海世纪出版集团，2008：19.

❷ 同❶：22.

❸ 卡尔·科恩. 论民主 [M]. 聂崇信，朱秀贤，译. 北京：商务印书馆，1988：195.

毕竟政治参与扩大后，使得更多的公民进入了政治领域，通过政治参与扩大进入政治领域的公民往往也是接受教育程度较低的公民。而"典型的公民只要一进入政治领域，其思维能力就会降到最低的水平。他将在他的现实利益范围内，以随时准备承认自己的幼稚的方式去进行评论和分析。他再次成了原始人。他的思想变得易于人云亦云，易于受到感染"❶……政治领域不是典型公民"真正关心的领域"❷。"认识到的效用"这一对理性的定义，只适用于个人以及受市场机制约束的与个人有关的决策，而不适用于像政治决定那样实施与全体的影响集体的决策。❸"支配群众要比支配一小群听众来得容易。"❹

另一方面，政治参与的扩大未必会造成对政治制度的冲击。美国拥有成熟的政治制度，政治参与的扩大并没有对政治制度带来冲击，"在欧洲，政治参与的扩大意味着将选举某一机构的权力扩大到一切的社会阶级。而在美国，它却意味着社会的一个阶级的选举权的适用范围扩大到所有（或几乎所有）政府机构。……而在美国，中世纪立宪主义的多元机构仍然存在，这也使得扩大选举权并不具有明显的重要意义。在一个有许多机构争夺权力的政治体制中，总有一个机构（通常是下院）应当由公

❶　熊彼特. 资本主义、社会主义与民主［M］//乔万尼·萨托利. 民主新论：上卷. 冯克利，阎克文，译. 上海：上海人民出版社，2015：173.

❷　乔万尼·萨托利. 民主新论：上卷［M］. 冯克利，阎克文，译. 上海：上海人民出版社，2015：174.

❸　同❷：178.

❹　米凯尔斯. 政党社会学［M］//［美］乔万尼·萨托利. 民主新论：上卷，冯克利，阎克文，译. 上海：上海人民出版社，2015：197.

民选举产生，这似乎是天经地义的。"❶ 因此，萨托利指出："在一定既定的政体里，投票的范围及其扩展并不像有些人企图使我们相信的那样举足轻重。"❷ 也可以进一步得出结论："实在没有多大必要为了在名义上扩大人民主权而使它耗尽所有真实的内容。"❸

只要政治制度的复杂性、自治性、适应性和内聚力能够适应政治参与的扩大，政治制度就不会受到政治参与扩大的破坏，"任何一种给定政体的稳定都依赖于政治参与程度和政治制度化之间的相互关系。……要想保持政治稳定，当政治参与提高时，社会政治制度的复杂性、自治性、适应性和内聚力也必须随之提高。"❹ 政治制度的成熟，政治制度具有足够的复杂性、自治性、适应性和内聚力也是扩大政治参与的必要前提要件。

由此可见，国家能力（政治权力）要求对政治参与（选举）进行限制，即便扩大政治参与也不会破坏政治制度的情形表明其已经对政治参与进行了限制，这种限制表达为只有不会破坏政治制度才能允许扩大相应程度的政治参与。而政治参与的扩大，并不如政治参与本身一样重要，政治参与的扩大的意义并非总是为了政治参与的目的（在后文有论述），而且，"统治者权力较少，

---

❶ 塞缪尔·P. 亨廷顿. 变化社会中的政治秩序 [M]. 王冠华，刘为，等，译. 上海：上海世纪出版集团，2008：102.

❷ 萨托利. 自由民主可以移植吗 [M] //刘军宁. 民主与民主化. 北京：商务印书馆，1999：146.

❸ 乔万尼·萨托利. 民主新论：上卷 [M]. 冯克利，阎克文，译. 上海：上海人民出版社，2015：197.

❹ 塞缪尔·P. 亨廷顿. 变化社会中的政治秩序 [M]. 王冠华，刘为，等译. 上海：上海世纪出版集团，2008：60.

丝毫也不意味着被统治者的权力较多。这种游戏未必是零和游戏，它很可能是负和游戏，其中各方都有所失，统治者失去的权力并没有被被统治者获得。"❶

第四节 制约政治权力是选举制度设计的标准

制约政治权力是选举的目的，是为了制约政治权力而产生，制约政治权力必然是选举制度设计的标准。制约政治权力是选举的目的，也能解释为什么选举活动是由候选人主动引导的，以及为什么选举人被动而消极地参加选举。尽管选举出于制约政治权力的目的而产生，但选举形式本身未必一定能够发挥制约政治权力的作用。选举的形式未必能够发挥制约政治权力作用的原因在于选举的三个内在矛盾。要保障选举能够制约政治权力，必须针对选举的三个内在矛盾，通过相应的理念和制度设计来解决。

一、选举的真实样态

选举的真实样态，不是通常理解的由选举人主动、积极地选择当选人，而是候选人主动引导着选举的进行。从选举形式上，是由选举人决定人选的选人模式，再到选举实质上是选举人被动决定人选的选人模式的观念的转变，也说明了选举的目的不是仅

---

❶ 乔万尼·萨托利. 民主新论：下卷［M］. 冯克利，阎克文，译. 上海：上海人民出版社，2015：427.

仅确定合适的当选人。虽然选举并不是直接要求候选人满足选举人的共同需要，但在选举中候选人为了能够在竞争中胜出而成为当选人，就不得不展现出令选举人信服的表现，其中必要的条件就是能够令选举人信赖以满足选举人的共同需要。

虽然"选举人被动决定人选的选人模式"的表述听起来令人不悦，但是这其实才是真正符合选举人期待的表述。选举人是被动的，候选人是主动的，候选人为了赢得选举竞争不得不迎合选举人，从而尽力去满足选举人的共同需要。如果选举人是主动的，候选人是被动的，候选人被完全选择，既不需要承诺也不需要迎合，那么候选人就未必一定要尽力满足选举人的共同需要。

（一）候选人积极主导着选举进行

为了满足公共需要，选举人进行自我管理是既不经济，又非理性的选择。当选举人不得不将政治权力分配给特定精英时，这种"不得不"意味着选举人已经失去了主动权。选举人如何在候选人中作出选择，取决于候选人的影响力，候选人能打动选举人就能获得选票。因此，谁能在选举中胜出，表面上是由选举人决定的，其实是由候选人决定的，是由候选人的综合形象展现出来的影响力决定的。事实上，只要是共同选择，就存在候选人之间的竞争，候选人有强烈的当选欲望，选择的进行一定是候选人引导的，选举人是被动作出选择的，尽管选举人的选择在表面上看是选举人的自由意志的体现。

也就是说，选举只是作为确定人选的一种工具，并非由选举人主动选人的模式，即便按照理性建构和希望，即由选举人主动选择候选人，但当选举竞争开始时，选举就已经由候选人主导，已经成为选举人被动参与投票的选人模式。实际上，不是选举人喜欢谁，谁就能赢得选举竞争；而是谁能"迎合"选举人，谁就能赢得选举。决定选举人选举偏好的因素不在于选举人自身，而在于候选人。

因此，选举的目的在于可以制约候选人，使候选人为了赢得选举竞争不得不提升个人素质，以便满足选举人的共同需要，选举的目的并不是简单地选择出最优的候选人。因为选举的目的之一是制约候选人，所以部分选举人不参加选举或者放弃选举权并不影响选举目的的实现。如果是选举人主动选择候选人，部分选举人未参加选举，因为有部分选举人未行使选举权，那么选举的目的就不能实现。进一步说，有关选举的规则也从来不是选举人制订的，公民是否能够获得选举权，公民如何行使选举权都是被决定的。

（二）选举人被动、消极参加选举

与候选人主导选举相对应的是选举人被动参与选举。选举人参与投票，受到候选人或者候选人所属政党的引导。候选人为了赢得选举竞争，必须获得更多的选票，必须动员更多的选举人为自己投票。候选人想要赢得选举竞争的动机，使得选举人被引导参与选举投票。这就能解释为什么大多数选举人对待选举的态度比较消极，并不认真对待自己的选举权，甚至也没有认真对待选举权的能力。只要选举不被候选人控制，选举人是否理性投票并不重要，选举人完全可以凭借情感偏好进行投票。甚至选举人是否投票，或者弃权，都不影响选举，因此不能也无法强迫选举人认真对待选举权。实质上，选举人投票只是选举进行的必要环节，选举人在投票过程中并没有真正表达自己的意志。存在少部分人主动、积极参与选举的事实，但这并不影响对选举人实质上被动、消极参与选举的判断。

从有些选举扩大的原因来看，选举扩大的原因也是多数人获得选举权的原因，这也能解释为什么选举人被动参与选举，难以认真对待其选举权。选举扩大的原因也就是更多人获得选举权的原因，不是出于选举本身的需要，也不是为了更好地制约政治权力，更不是为了让更多人表达政治愿望。在美国，"费城士兵委员会认为，即使那些尚未归化的外国人（这里指的是德国移民），如果他们拿起武器保卫殖民地，就应当给予他们选举权。这会增进他们对殖民地的感情，激励他们为保卫殖民地而战，美国革命期间，普遍民众的政治意识觉醒，要求扩大选举权以及其他公民权利和政治权利的呼声传遍了合众国的乡村和城市。"❶而在英国，民众的革命威胁是英国扩大选举权的核心动力，改革动机是为了避免骚乱，"这些让步旨在将先前被剥夺公民权的选举人纳入政治过程，因为另外的选择被认为只能是社会动荡、混乱，可能还有革命。"❷

---

❶ 张聚国. 从特权到普遍性权利：美国公民选举权的扩大 [J]. 南开学报（哲学社会科学版），2010（1）.

❷ 达龙·阿西莫格鲁，詹姆斯·A. 罗宾逊. 政治发展的经济分析：专制与民主的经济起源 [M]. 马春文，等译. 上海：上海财经大学出版社，2008：6.

　　无论是为了唤醒民众的政治意识还是为了避免骚乱，都是站在社会管理人的立场考虑扩大政治参与，扩大选举。站在社会民众的立场，争取选举权的目的，实则仍然与制约政治权力的行使没有直接关联，选举人争取选举权的目的并不是出于选举的考虑。形成鲜明对比的是，争取选举权的运动轰轰烈烈，而行使选举权的活动却冷冷清清。选举人争取选举权，但又往往不认真对待选举权，这就说明选举人争取选举权的目的，仅仅是为了拥有选举权，而不是为了行使选举权，也就是当其他人能够拥有这项权利的时候，自己也需要拥有这项权利。与其他学者的观点不同，黑格尔认为权利不仅是工具，也是目的本身，争取权利能够实现人"寻求承认的欲望"，"杰斐逊和麦迪逊认为权利在很大程度上是保护私人领域的一种手段，选举人在那里能够使自己变得富足并满足自己灵魂的欲望部分，而黑格尔认为权利就是目的本身，因为真正令人感到满足的，与其说是物质繁荣，不如说是对他们地位和尊严的承认。"❶ 而得到承认是每个独立个人的内在欲望。"在黑格尔看来，单个个体是无法有自我意识的，也就是说，若没有得到他人的承认，他无法意识到自己是一个独立的人。换句话说，人一开始就是一种社会存在：他自己的自我价值感和身份感，与他人赋予他的价值密切相关。"❷ 确实，"在美国以及其他民主国家，选举权对于那些未能达到财产资格的穷人，以及对于黑人、

　　❶ 弗朗西斯·福山. 历史的终结与最后的人［M］. 陈高华，译. 桂林：广西师范大学出版社，2014：代序.
　　❷ 弗朗西斯·福山. 历史的终结与最后的人［M］. 陈高华，译. 桂林：广西师范大学出版社，2014：162.

其他少数民族或种族以及妇女而言，从未被看作一个专门的经济问题，即选举权可以使这些群体保护自己的经济利益，而是一般地被认为是他们的价值和平等的象征，被当作目的本身受到珍视。"❶ "选择民主是一种自主行为，其目的是为了承认而不是为了欲望。"❷ 这就能解释为什么选举人争取选举权，却没有认真行使选举权。与行使选举权相比，获得选举权更为重要，这也能解释为什么人们被动、消极地参加选举。

二、选举本身的内在矛盾

选举本身存在内在矛盾，内在矛盾的存在使得选举有被政治权力控制的倾向。选举的内在矛盾包括三个方面：选举制度由掌握政治权利的主体制定与制约政治权力之间的矛盾；集体行为与个人行为之间的矛盾，导致集体难以抗拒政治权力的腐蚀；选举本身需要被政治权力限制与限制政治权力之间的矛盾。尤其政治权力是第一性的，制约政治权力是第二性的，政治权力的保障优先于选举和公众参与的扩大，这就可能强化选举被政治权力控制的倾向，加剧了第一种矛盾和第三种矛盾的严重程度。

（一）选举制度由掌握政治权力的主体制定

实行选举的目的是制约政治权力，但是决定实行选举并制定

---

❶ 同❶：217–218.
❷ 同❶：218.

选举规则的人是掌握和行使政治权力的主体。简而言之，选举作为一种制约政治权力的工具实际上是掌握和行使政治权力的主体自我限制的方式。选举人的出现实则是掌握和行使政治权力主体进行自我限制的工具，只有选举人出现，选举才能进行，自我限制才可能实现，但是自我限制本身就是一种内在矛盾。选举不同于抽签，抽签是按照概率确定人选的，谁能赢得选举取决于选举中的优势。而选举的优势与选举制度的设计有关，甚至选举的范围、期限等规定都能直接关系到选举制度能否有效制约政治权力。掌握政治权力的主体可以通过变更选举制度来更好地控制政治权力。选举制度由掌握政治权力的主体制定，是选举本身的内在矛盾的表现。

（二）集体行动与个人行为之间的矛盾

参与选举是个人行为，选举却是集体行动，个人行为在集体行动中缺乏个人激励，而且参与选举也要花费时间、交通等的成本。当两种因素结合时，很难指望选举人认真对待选举权，积极负责地行使选举权。在这种情况下，难免会出现消极对待选举权、选举权被滥用的情形。选举权滥用，尤其是选举人和选举权被收买的情形，会大大伤害选举关于制约政治权力的作用。选举要发挥制约政治权力的作用，选举人和选举权的行使就应当是独立和自由的。选举人和选举权行使的独立与自由是候选人之间有效竞争的保障。如果选举人被收买和控制，那么候选人之间的竞争将不充分和无效，选举便失去了意义。

（三）选举本身需要被限制

一方面，选举不能被控制。在社会管理中，社会管理人与社会公众之间存在事实上的相互依赖、相互满足的关系。选举通过社会公众选择社会管理人的安排，制约政治权力，替代和防范专制，使得相互满足关系制度化、稳定化。候选人为了赢得选举竞争必须"迎合"选举人，使选举人信赖其能够认真对待权力，满足选举人的共同需要。选举使得社会管理人与社会公众之间达成平衡关系，社会管理人为社会公众提供公共服务，社会公众向社会管理人提供认可和服从。因此，选举不能被候选人控制，选举被控制会带来社会管理人滥用权力的风险，违反选举制度产生的目的。选举不能被控制的理念，意味着选举人和候选人应当依据选举规则依法行使选举权和被选举权，尤其是候选人应当遵守选举规则。

候选人有赢得选举竞争的想法，希望获得更多的选票，他们获得选票的路径是向选举人施加足够的影响力，其实质就是一种掌控力。掌控和控制能够达到同样的赢得选举的结果，但是掌控是一种正当的控制，控制则是一种不正当的掌控。掌控和正当的控制并不会伤害选举人集体的选择自由，不会影响选举人对政治权力的制约。候选人总有掌控选举、赢得更多服从的欲望，但是候选人经常会倾向于选择不正当手段去控制选举。尽管选举不应当被控制，但是选举又有被控制的倾向。

另一方面，选举需要被限制。政治权力产生于共同需要，选举是制约政治权力的手段，对政治权力的需要是第一性的，对政治权力的限制是第二性的，作为第二性的对政治权力的限制的目的不是消灭政治权力，而是更好地行使政治权力。基于此，不能控制选举，但应当限制选举，防止选举影响政治权力的正当行使。而且选举制度的安排不是由选举人决定的，选举制度的安排是由掌握政治权力的主体决定的。

选举需要被限制，但是选举作为制约政治权力滥用的手段，限制选举本身也应当受到限制。民主是对抗限制选举的理念，有助于防止选举被政治权力控制。政党制度也能够助力选举制约政治权力，规范选举行为，规范选举制度安排，防止选举被过分限制，防止选举被控制。

三、选举制度设计的内容

选举的目的是制约政治权力，但是选举的内在矛盾会阻碍选举发挥制约政治权力的作用，从而产生选举问题。也就是说，选举问题的发生，与未能有效控制选举的内在矛盾有关联。针对选举的内在矛盾，要有效地加以控制，必须从以下三个方面着手，即制度建设、民主理念和政党政治。

（一）选举制度设计与制度建设

选举制度由掌握政治权力的主体制定，是选举本身的内在矛盾的表现。要解决选举制度由掌握政治权力的主体制定，可能难以有效发挥选举的制约政治权力作用的问题，就必须使选举制度化，加强和完善选举的制度建设，形成选举法治化，保证选举制度稳定，不会轻易被掌握政治权力的主体的个人意志所左右。

选举制度化，加强选举的制度建设，除了防范选举制度受到个人意志的控制，进而使选举受到个人意志的控制，还必须完善选举制度本身。要确保选举活动在选举制度的框架下进行，选举制度的安排与选举问题的产生存在关联。选举制度的安排的优劣决定了选举活动的质量。加强和完善制度建设是选举制度设计中不可缺少的一部分。加强和完善选举的制度建设能够解决选举制度由掌握政治权力的主体制定带来的矛盾，通过选举的行为规范也能够解决集体行动与个人行为之间的矛盾。

（二）选举制度设计与民主理念

民主理念对于解决选举本身的三大矛盾具有重要作用。民主制度和选举制度一样，都是替代专制的概念，都是防止政治权力滥用的概念。选举制度反对的行为也是民主理念反对的行为，一切不当控制选举的行为都是被民主反对的。民主理念要求候选人尊重选举人集体的选举权，要求掌握和行使政治权力的人认真对待政治权力和尊重选举制度，要求选举人认真对待选举权并警惕和拒绝一切不当竞选行为，要求人们对专制和滥用权力保持警惕和反对。一切关于选举的问题都是民主理念反对的问题，民主理念有助于解决选举中出现的问题。民主理念是选举制度设计中不可缺少的一部分。

（三）选举制度设计与政党政治

政党是现代政治的一个标志，现代国家的发展离不开政党的努力。"现代政治与传统政治的一个重要区别在于政党的出现和政党政治的发展。如果说马基雅维利时代政治舞台的主角是君主，那么当今世界各国政治舞台的主角就是政党。"❶ 对于选举，政党既能团结选举人或者选民代表，又能防止被分化、被控制，能够防止专制，防止选举被控制。政党也能提供政治过硬、本领高强的候选人，并对属于本党派的选举人和候选人的行为进行约束。政党政治对于解决选举本身的三大矛盾具有重要作用。政党政治也是选举制度设计中不可忽略的因素。

---

❶ 林尚立. 政党政治与现代化：日本的历史与现实［M］. 上海：上海人民出版社，1998：前言.

第四章　从选举看贿选产生的原因

贿选是竞选的不当形式，贿选也是赢得选举竞争的有效方式。贿选违反的是关于选举的行为规范。贿选发生，一定基于行为人的主观动因。候选人选择贿选方式的直接目的是能够在选举竞争中获得优势，以确保其能够赢得选举竞争而成为当选人。但是赢得选举竞争并成为当选人只是候选人的手段式目的，而不是候选人的真实目的。候选人的真实目的是获得权力，是候选人的权力欲望驱使候选人参与选举，而赢得选举竞争的欲望驱使候选人选择了贿选方式。选举人选择接受贿选是受到了其自身金钱欲望的驱动。

除了主观动因，贿选发生的原因还在于选举制度本身、民主理念和政党政治。选举制度本身、民主理念和政党政治恰好也是保障选举发挥制约政治权力的作用，防范选举出现问题。选举制度的不够完善提供了贿选发生的外在条件，依据对选举的分析，这些条件包括：选举是由候选人引导；选举人被动、消极地参加选举；选举是集体行为，投票则是个人行为；选举制度的基础还不够宽泛；选举本身并不禁止候选人和选举人的私人交往。而除了内在动因和外在条件，那些能够引导、规范选举的外在理念以及制度的缺乏，也是造成贿选发生的原因。民主理念是引导选举的外在理念，政党政治下政党制度则是规范选举的外在制度。民主理念的缺失、政党未能发挥规范作用是贿选发生的重要原因。

第一节 贿选发生的主观动因

贿选发生的主观动因，按照主体区分，分为候选人的欲望和选举人的欲望。选举人的欲望主要是对金钱的欲望，也可能是基于对相互间关系维系的考虑。而候选人的欲望可以分为两个层次，第一个层次是对权力的欲望，主要是对权力背后的不当利益的欲望，这也是候选人参加竞选的主观原始动因；第二个层次是对当选的欲望，这是候选人选择贿选的主观直接动因。

一、贿选发生的主观原始动因是欲望

贿选的发生，既要有采用贿选形式的一方，又要有接受贿选的一方。尽管选举人作为接受贿选的一方，其动因可能只是为了维系相互间的关系，但主要还是基于对金钱的欲望。候选人作为采用贿选形式的一方，其主观原始动因一定是对权力的欲望，主要是对权力背后的不当利益的欲望。

（一）候选人的权力欲望

选举，是候选人争夺选举人选票的活动，争夺选票的背后，是争夺政治权力。候选人贿选的目的，就是确保其能够成为当选人。而希望成为当选人的目的无外乎就是对权力的欲望，渴望能够获得权力。对权力有很多不同的解读，包括强制的命令、力量的集合、贯彻自己意志的机会、组织性的支配力等。不管对权力如何理解，都不能忽略权力的实质，其实质是一种资源控制，社会管理人控制着资源的支配权，能够实现社会管理人的意志、目的和利益的工具。权力作为一种有价值的稀缺资源，权力的背后是利益、是荣耀、是意志的专断。选举人越是想争夺权力，就说明权力的诱惑越大。选举人制约权力的想法越强烈，同样也说明权力的诱惑就越大。候选人对权力的欲望是驱动其争取赢得选举竞争，驱动其选择贿选方式的动因。

政治权力背后的不正当利益越多，候选人对不正当利益的期待越高，竞争选举的动机就越强。而且越是期待政治权力背后的不正当利益，那么关于选举的民主意识和法治意识也就越缺乏。而期待政治权力背后的荣耀和个人价值的实现，那么关于选举的民主意识和法治意识就不会过度缺乏。在英国选举初期，成为议员是一种负担，选举人并不积极参与竞选，直到成为议员不再是负担，而是一种特权，希望当选议员的人才越来越多。

（二）选举人的金钱欲望

人符合经济学上自利人的假设。选举人对金钱有着无节欲的渴望，早在民主的发源地雅典城邦就已被认识并论述了，"尤其是财富：它显得特别过分、不知节制，而且有着无穷的贪欲。这一主题在公元前六世纪的伦理思想中处处可见"❶。雅典选举人虽然开明、民主、自由，但仍然避免不了对金钱无节制的渴望。亚里士多德下面一段话似乎表达了容易受到金钱腐化是人的本性。他指出："选举人大众的权力一直在增长。选举人使自己成为一切的主人，用命令，用选举人当权的陪审法庭来处理任何事情，甚至元老会议所审判的案件也落到了选举人手里了。他们这样做显然做得对，因为少数人总比多数人更容易受金钱或权势的影响而腐化。"❷ 选举人对金钱的欲望是驱动选举人愿意接受候选人贿选的动因。当然也有可能，选举人接受贿选的原因与其对金钱的欲望无关，而仅仅考虑的是维系相互间的关系，但是接受贿选的主要原因还是对金钱的欲望。

二、贿选发生的主观直接动因是胜选

选择贿选的直接目的就是赢得选举，贿选发生的主观直接动因是候选人追求利益的欲望。当候选人面临难以确保当选的情形，尤其在当选情形比较悲观的情况下，候选人可能会在渴望胜选的刺激下选择贿选的方式。

（一）贿选是保障胜选的恶劣方式

候选人贿选的目的与候选人参与选举的目的并无区分，贿选

---

❶　菲利普·内莫. 民主与城邦的衰落：古希腊政治思想史讲稿 [M]. 张竝, 译. 上海：华东师范大学出版社，2011：79.

❷　亚里士多德. 政治学 [M]. 吴寿彭，译. 北京：商务印书馆，1965：46.

和参选均是为了当选，贿选是参选的一种恶劣方式。与其他方式相比，贿选的方式有两个特征：其一，贿选的方式更容易获得选票；其二，贿选的方式会受到法律和道德的谴责。贿选是一种参选方式，尽管会受到法律和道德的谴责，但是贿选确实往往是能够获得选举优势的一种方式。但凡说贿选发生的动因是为了当选，或者是为了增加当选的机会，这种表述并没问题。但是这样的表述并未区分贿选的目的和参与的目的，如果贿选的目的仅仅是当选，那么贿选发生的内在直接动因和参选产生的内在间接动因就是相同的。

因此，与其说贿选的目的是当选，不如说贿选的目的是获得选举的优势。这里谈论的是贿选发生的直接内在动因，应当是超越参选的内在间接动因，是参与选举的内在间接动因，是获取选举优势的内在直接动因。为了获取选举优势，会出现以下两种情形，第一种情形，不确定是否能够当选，贿选是为了确保具有当选的优势；第二种情形，难以当选，只能通过贿选才能当选。对于第一种情形，贿选是保障参选的手段，只有参选才能当选，贿选是保障参选获得优势的手段；对于第二种情形，参选是保障贿选的手段，只有贿选才能当选，参选只是保障能够贿选的手段。贿选保障参选，贿选的目的就是参选的目的，贿选的内在动因并没有超越参选的内在动因而存在。候选人参选和当选的欲望越是强烈，其贿选的欲望也就越是强烈。只有那些直接刺激候选人贿选的原因，而不是刺激候选人参与选举的原因，才是贿选发生的内在直接动因。具体来说，候选人具有参与的意愿，但缺乏以正当手段当选的条件，这是候选人贿选的内在直接动因。

（二）有钱人群具有更强烈的贿选动因

经济发展必然会带来一部分人在政治领域获得话语权的需要。这种话语权的需要，集中于那些最多享受到经济发展红利的人群，也就是有钱人群。这种话语权的需要，是务实的。进入政治领域，获得政治资源和政治特权，进一步实现获得财富的追求，而且只有有钱人群才能更好地利用这些政治资源和政治特权，因此有钱人群具有获得话语权的更强烈的需要。这种话语权的需要，又是务虚的。在物质条件得到满足之后，这部分候选人便会寻求满足内心优越性的需要，"我们没有理由认为，所有人都会把自己看作与他人的平等之辈。毋宁说，他们寻求的是优越于他人的承认，这种优越感有可能是基于真正的内在价值，但更可能是出于过高且自负的自我评价"❶。而追求权力，在政治领域获得相应的职位，是满足有钱人群对自我优越性评价的方式，"追求权力不仅仅是为了经济上（发财致富）的目的，而是权力，包括经济的权力，可以'从本身'得到价值，追求权力往往也是由社会的'荣誉'所一起制约的，权力带来荣誉"❷。亨廷顿就得出结论："（经济发展）产生暴发户，他们难以完全适应并同化于现存秩序，他们要得到与他们新的经济地位相匹配的政治权力和社会地位。"❸

---

❶　弗朗西斯·福山. 历史的终结与最后的人［M］. 陈高华，译. 桂林：广西师范大学出版社，2014：197.

❷　马克斯·韦伯. 经济与社会：下卷［M］. 林荣远，译. 北京：商务印书馆，1997：246.

❸　塞缪尔·P. 亨廷顿. 变化社会中的政治秩序［M］. 王冠华，刘为，等译. 上海：上海世纪出版集团，2008：38.

因此，经济发展带来一部分有钱人政治参与的欲望，他们更希望通过选举进入政治领域，但是当原有的政治体制并不能满足他们的政治诉求的时候，为了在选举中获胜，贿选似乎是更好的手段，这些有钱人群具备贿选所需要的经济条件。贿选提供了一种在政治生活中寻求承认的非法途径。

第二节　选举是贿选发生的外在条件

贿选中，候选人购买选举人的选票是一种交易行为，交易成功基于双方的合意。贿选合意的产生，无外乎候选人愿意购买选举人的选票，选举人愿意出卖自己的选票，双方之间达成合意。但凡是交易，就会有人首先提出要约，选举的过程是候选人争取选票的过程，在选票的交易中，往往是候选人主动提出要约，购买选举人的选票。因此，候选人和选举人合意的达成源于候选人对权力的欲望，以及选举人对金钱的欲望，欲望是贿选发生的动机性原因。除了有意愿，进行交易还得有条件，这种外在条件是贿选发生的条件性原因。没有选举，就没有贿选，越是不完善的选举制度安排就会产生越加严重的贿选现象。选举提供了贿选发生的外在条件，依据对选举的分析，这些条件包括：选举是由候选人引导；选举人被动、消极地参加选举；选举是集体行为，投票则是个人行为；选举制度的基础不够宽泛；选举本身并不禁止候选人和选举人的私人交往，贿选行为具有隐蔽性。

一、选举是候选人主导进行的

候选人主导选举为贿选的实践操作留下了空间。选举人通过个人的偏好给候选人投票，选举人的个人偏好取决于候选人。候选人主导选举，候选人通过"迎合"选举人，获得选举人的偏好和选票。这种选举方式，给候选人争取选举人留下了广阔的空间。确实，选举本身就是候选人竞争选票的活动和过程。这种空间，也就给候选人选择贿选创造了条件。

试想，如果选举不是由候选人主导进行的，而是由选举人主导进行的，选举是选举人主动选择候选人，选举人则可以完全基于自身的目的去选择候选人，在这种情形下，选举人自身的目的就是选举的目的，就不会接受候选人的贿选，除非选举的目的就是接受候选人的好处。或者，主导选举的既不是候选人也不是选举人，而是由一种标准主导的，候选人需要符合这样的标准才能被选择，这样就能够压缩候选人的贿选空间。

二、选举人被动、消极地参与选举

相对于候选人主导选举，选举人被动参与选举。选举人参与投票的意义不在于选择一个最优人选，而是通过选举这种形式来制约候选人，以得到共同利益的满足。而且从选举扩大的理由来看，获得选举权往往比行使选举权更为重要。所以大多数选举人在选举中的态度比较消极，并不认真对待自己的选举权，甚至也没有认真对待选举权的理性和能力。

选举权被选举人视为一种私人权利，选举人对选举权应当遵守"权利不得滥用"的原则往往处于无知的状态，被动参与选举使得选举人更加不会遵守该原则。但是不能说选举人在生活中行使权利总是会忽略"权利不得滥用"的原则。事实上，"权利不得滥用的原则"在生活中一直被践行着。在生活中，选举人总是会注意在行使自己权利的时候避免对他人造成伤害。康德认为："权利为全部条件，根据这些条件，任何人的自由意志按照一条普遍的自由法则，确定能够和其他人的自由意志相协调。"❶权利作为与其他人意志相协调的条件不仅存在于理论期望，而且确实也存在于生活现实。在独立行使权利的时候，选举人秉持的原则就是，在不构成对其他人伤害的情形下，行使权利是绝对的，可以依照自我意志任意而为。而个人滥用选举权，往往并不会对其他人造成有必然因果关系的伤害。接受贿选，出卖选票，并不直接构成对特定人的伤害。甚至，在有些情形下，即便不接受贿选，也会将选票投给贿选人。在选举权独立的认识前提下，贿选往往会被视为一种互惠的行为。接受贿选，选举人往往不会承受道德上的压力。因此，选举人对选举权应当遵守"权利不得滥用"的原则往往是无知的。

"权利不得滥用"的另一面就是认真对待权利。面对选举权，不容忽视的现状就是选举人往往不知道该如何认真对待权利，对于在不同的候选人中间作出选择并没有一个理想的标准，

---

❶ 康德. 法的形而上学原理：权利的科学 ［M］. 沈叔平，译. 北京：商务印书馆，1991：40.

不管给谁投票似乎区别并不大。"'民主'的或民主这种形成意见的程序，对于一个人应当如何投票或何者为可欲的问题显然没有提供答案。"❶

三、选举作为集体行动与个人行为之间的冲突

严格来说，选举是集体行为，选举权是集体权利；投票是个人行为，个人的选举权只是一种行使选举的权利和投票的权利，我们所说的选举权只是行使选举权。选举权作为政治权力，源于共同体，是公共权利。选举权属于集体所有，个人并不具有独立的部分，个人进入集体就会获得权利，个人离开集体不会带走权利。同样，选举行为是集体行为，选举不是个人行为，只是行使选举权是个人行为。个人行使选举权，并不能通过行使选举权直接追求满足个人诉求，个人只能寄希望集体能够获得集体利益，然后在此基础上获得个人诉求的满足。事实上，选举作为一种相互满足关系制度化的工具，行使选举权是开展选举活动的必要内容，行使选举权的目的就是选举的目的。在选举中，当选人执行的是个人的意志，而不是执行共同体的意志。也就是说，行使选举权的目的不是追求个人诉求的满足，而是制约政治权力。

选举权是公共权利，被置于公共领域，行使选举权则是私人权利。个人行使选举权受到个人诉求的激励。而选举作为集体行动，要求个人行为以集体诉求为准则，不计较个人诉求。个人行

---

❶ 弗里德里希·冯·哈耶克. 自由秩序原理 ［M］. 邓正来，译. 北京：生活·读书·新知三联书店，1997：127.

为受到个人诉求的激励，与选举要求个人不计较个人诉求之间会产生冲突。这种冲突既是集体行动和个人行为之间的冲突，也是公共权利与私人权利之间的冲突。"德姆塞茨指出，如果社会对公共权利与私人权利之间的不协调进行调整坚决倾向于消除私人权利，那么问题马上就会变成另一个——为工作提供激励问题。"❶ 既要激励私人权利行使，又要消除私人权利，是不现实的。选举权是公共权利，必然造成了选举权滥用的倾向，选举权容易被收买，贿选现象则容易产生。

尽管贿选行为被法律反对，然而不认真对待权利的行为并非总是受到法律的反对，以不理性的情感偏向为投票的标准并不受法律的反对。而且每个人都作出有利于自我的理性选择，往往会带来集体选择的不理性，指望个人对集体理性有所了解也是不现实的。可见，选举本意也并非一定要求每个人都作出深思熟虑的理性选择。更为重要的是，在法治社会，选择谁当选，似乎对选举人的生活影响不大。选举权作为一种权利，并不能体现出权利所应有的现实利益，参与投票往往还意味着精力和成本。缺失个人的激励，寄希望于选举人认真对待选举权，主动、理性地行使选举权往往只是一种美好的期望。

四、选举制度的基础不够宽泛

选举制度的基础越宽泛，选举权置于越广泛的公共领域，选

---

❶ 盛洪. 现代制度经济学：上卷 [M]. 北京：北京大学出版社，2003：97.

举人"搭便车"就越便利，就越不会认真对待选举权，越不认真对待选举权，也就越不会被发现。当然，不认真对待选举权的方式并不只有接受贿选，消极对待选举权也是不认真对待选举权的方式。不是说，越不认真对待选举权就越可能发生贿选现象，而是因为贿选的发生也受到选举制度基础的限制。要进行贿选，候选人就得收买选举人，选举人人数越多，贿选的成本越高，贿选行为暴露的可能性也就越高。毕竟"少数人总比多数人更容易受金钱或权势的影响而腐化"[1]。尽管选举范围扩大，选举人会更不认真对待其选举权，但是却能抑制贿选的发生。在英国选举史上，贿选的消失与选举的扩大有着非常紧密的关系，布勒德在《英国宪政史谭》一书中分析英国选举权时指出，在 1832 年以前，因财产限制严格，选举人数量极少，"凡少数有关系之人，欲求起超越对敌之胜利，无不思所以重贿以购买之，各党均有此种大规模之贿选举动"[2]。

五、贿选行为具有隐蔽性

选举本身并不禁止选举人和候选人之间的私人来往。而这种私人来往给贿选行为的隐蔽性创造了条件。贿选发生在选举人和候选人之间，双方属于知情人，同时双方之间属于互惠关系，并不存在知情的受害人，因此，贿选行为具有隐蔽性。从实证的角

---

[1] 亚里士多德. 政治学 [M]. 吴寿彭，译. 北京：商务印书馆，1965：46.

[2] S. 李德·布德勒. 英国宪政史谭 [M]. 陈世第，译. 北京：中国政法大学出版社，2003：135.

度看，没有被抓住就没有违法。而且，选举人往往会认为，接受贿选而投票是行使权利的一种形式，接受贿选与接受慷慨的馈赠并没有本质的区别，接受贿选而投票并没有违反正当性。在这种情况下，贿选虽然是双方合意的产物，但是往往只要候选人产生了这样的意图，就能实现合意，选举人往往不会拒绝接受贿选。贿选行为的隐蔽性大大减少了贿选的违法成本，这是贿选行为发生的重要原因。

前述的贿选发生的五个原因是贿选发生的肯定性原因，也就是贿选发生的动力来源。但是贿选的产生不仅要有肯定性原因，而且也得有否定性原因。否定性原因就是制止贿选发生的原因，只有肯定原因才能够发挥足够的作用，而否定性原因并不足以消解肯定性原因的作用，贿选才会产生。否定性原因能够在治理贿选的方式中得到体现。

第三节　民主理念的不足

民主是选举的理念，既能引导候选人和选举人的行为，又能引导选举的制度安排，候选人尤其是选举人民主理念的不足是贿选发生的重要原因。谈到"选举"这个概念，绕不过去的就是"民主"这个概念。"选举"和"民主"有关联，但是"选举"和"民主"确确实实又是两个相区分的概念。一般来说，现代化国家希望实现的是民主，如果说到实现选举，也是以选举的方式去实现民主。选举为了实现民主，民主也成为评价政治和选举质量的指标。为了得到政治民主的评价，绝大多数国家都会采取选举的形式。尽管是否民主并非得到普遍认可，但是选举的形式却是普遍存在的。亨廷顿指出："自第二次世界大战以后，主流的方法几乎完全根据选举来界定民主。……一个现代民族国家，如果其强有力的决策者中多数是通过公平、诚实、定期的选举产生的，而且这样的选择中候选人可以自由地竞争选票，并且实际上每个公民都有投票权，那么这个国家就有了民主政体，这一民主的程序性定义是由熊彼特在《资本主义、社会主义与民主》一书中提出的，并得到了普遍的承认，也得到了从事这一领域研究的学者的公认。"❶

在政治领域，选举是实现民主的必要手段，然而仅存在选举未必就能得到民主的认同。但是，谈及选举，选举又被打上民主的烙印，似乎有选举就有民主。选举既是事物，也是理念。我们认识到的选举往往只是事物，选举人往往将民主作为选举的理念，毕竟选举人能够认识到民主是一种理念而不是一种事物。因此，选举本就在选举的理念下进行，同时民主作为选举欲以实现的目标，选举也受到民主理念的约束。这样一来，就带来了问题。选举有自己的内在规则，民主势必也为选举制定了标准和规则。也就是说，选举的规则是由选举本身和民主要求共同决定的，如果不对民主加以理解，那么对选举规则的认识就是不全面的。

当然，对民主理念的理解，也不能脱离选举理念。民主理念

---

❶ 亨廷顿. 第三波：20世纪后期民主化浪潮［M］. 刘军宁，译. 上海：上海三联书店，1998：6-7.

的实现需要依托选举，而选举并不能脱离选举理念进行。民主理念的实现也会受到选举理念的限制，那么对民主理念的认识和理解也会受到选举理念的影响。

如何理解民主理念？概念不是定义，定义尚不能完美地确立概念的内涵和外延。要通过对概念进行文意解读，更难以确立概念所代表的到底是什么样的事物。对于我们未曾接触和了解的事物，通过概念我们几乎想象不到那是什么样的事物，对概念的理解经常要借助对事物本身的理解。对事物进行概念的确定，往往基于最初对事物最表面的认识而确立概念用语，以达到对事物的指定并区分辨识的目的。这种最初的认识往往是片面的、滞后的甚至是错误的，但是概念和事物的对应逐渐被接受，并成为用语习惯。民主所代表的事物，也许最初确实有"选举人的权力"的外在表现或者内在追求，但是对民主的理解应该超越民主的"选举人的权力"的字面意思，要了解民主，就应该首先了解民主所代表的事物。民主的概念与自由的概念不一样，纯粹的字面理解，自由是一种不受限制的为所欲为。然而，由于自由与选举人的生活直接相关，在人与人之间的直接交往中，选举人就理解自由一定不是无条件的。但是对于民主的认识，民主与自由不一样，自由是与个人紧密相关的概念，民主则是一个关乎整体性的概念。选举人对自由的理解缺乏生活基础，就只能从文本的角度去解读民主。

民主的概念不能表达民主的真意，而那些民主给予选举的限制更无法从民主的概念中得出，"建立大规模的民主政治制度所需要的工具和程序手段，民主的词义既没有包含，也无所提示"❶。事实上，由于选举人对民主的无知，导致选举人对民主下的制度抱以过高的期待，这对实现民主，对理解公共事务都是不利的。"民众对公共事务普遍的无知，其意义在很大程度上取决于我们对民主本身的认识。"❷ 对民主和选举不要过高地期待，同样，对选举人也不要过高地期待。

一、从直接民主到选举民主

民主是专制的对立面，不仅从概念的理解是这样，而且从民主制度的产生历史方面去理解也是这样，民主是从对抗专制的压迫中产生的。由选举人全体共同行使政治权力，就是民主，也就是直接民主。共同行使权力，就会带来共同表决，民主表决必然会有共同意思的集中，共同意思的集中方式是少数服从多数。但是，纯粹的少数服从多数亦是一种专制。民主最合理的形式和表现应当是选举民主。

（一）民主产生于对专制的替代

何为民主？选举人为什么要选举民主？一定是选举人信任民主是善的，相信民主能够与其追求善的生活的要求保持一致。然而事实真相表明，选举人并不了解民主是什么，民主对政治学学

---

❶ 乔万尼·萨利托. 民主新论：上卷［M］. 冯克利，阎克文，译. 上海：上海人民出版社，2015：62.

❷ E.E. 谢茨施耐德. 半主权的人民［M］. 任军锋，译. 天津：天津人民出版社，2000：119.

者来说也是一个很难界定的概念。甚至说选举人对政治制度应当怎么样其实也并不关心，选举人对政治制度只会表达不满，很少会表达满意；即便是选举人表达满意，也是在与不满的对比中发现的。对善的理解有两种方式，第一种是直接描述的方式，直接描述什么是善；第二种是烘云托月的方式，知道在什么是恶的基础上去描述善，那些与恶相对的东西就是善。选举人对民主的理解，主要通过第二种方式，也就是在知道专制是恶的情形下，确信民主是一种善的政治制度。他们对民主有过高的期待，除了基于概念上的原因，更重要的是基于对专制的恐惧，导致认为越是纯粹的民主越是离专制更远。"民主，不是多数人的统治，而是一种让大家不受独裁控制的制度。它不许独裁累积权力肆意横行，而是在寻找一个限制国家权力的方法。"❶

民主是专制的对立面，不仅从概念的理解上是这样，而且从民主制度产生的历史方面去理解也是这样，民主是从对抗专制的压迫中产生的。民主很容易演变为专制，但是从专制转变为民主则需要较大力量推动。民主有转为专制的自然倾向，民主一旦不受约束，那就一定会成为专制。但是，专制就不可能自然转为民主，专制不受约束，只会朝着更加集权、更加专制的方向发展。由于民主和专制的不同倾向，如果说民主和专制是两种不同的方式，那么更为准确的表达是，民主是专制的替代模式，民主是防止专制而产生的。专制是自然形成的，产生于权力的诱惑和人与人之间的天然的不平等构成的强力的不平等；民主则是平衡的结

---

❶ 卡尔·波普尔. 自由民主与开放社会 [M] //刘军宁. 民主二十讲. 北京：中国青年出版社，2008：142.

果。人与人之间事实上的不平等，是自然形成的；而人与人之间的平等，是制度维护的。专制是不平等，是自然下的不平等的发展结果。没有民主的要求，一定是专制；没有专制的要求，还是会专制。事实上，民主概念的出现，就是与专制相伴随的。"'民主'一词大约是在 2400 年前发明出来的。一般认为是希罗多德（Herodotus）首先说出来'民主'一词。实际上，这个词不是出现在他的原著中，而是出现在他的原著的译本中。不过，我们在希罗多德那里看到了与君主政体或寡头政体相对应的民治或多数统治的政体。"❶

如果说选举是为了对抗专制、替代专制，那么，民主对抗专制、替代专制的本意就更为明显。选举、民主作为对抗专制的两种手段，体现了防止权力专断行使的两种方式，其一就是由选举人选择社会管理人，进而制约政治权力的专断行使；其二就是将政治权力收回，由选举人自身行使。

（二）民主最合理的表现是选举民主

由选举人全体共同行使政治权力，就是民主，也就是直接民主。共同行使权力，就会带来共同表决，民主表决必然会有共同意思的集中，共同意思的集中的方式是少数服从多数。但是纯粹的少数服从多数亦是一种专制，但是不同于一般意义上的少数人的专制，这是多数人的专制。民主不是专制，不是多数人压制少数人的工具，"除非少数派的自由受到尊重，不然第一次选举不

---

❶ 乔万尼·萨托利. 民主新论：下卷［M］. 冯克利，阎克文，译. 上海：上海人民出版社，2015：427.

但会一劳永逸地决定谁自由谁不自由，而且投票支持多数者的自由也会毁于一旦。因为实际上已不再允许他们改变看法。于是只有第一次选举才是真正的选举，这无异于说，这样的民主一诞生便会死亡"❶。直接民主的初衷是善的，但是因为操作的原因，直接民主虽然替代了少数人的专制，但是可能从少数人的专制转变为多数人的专制，尤其是缺失共同利益，或者在利益分化的情形下，直接民主制度难免成为多数人专制的制度。"凡在选举人权威成为绝对不受限制的地方，选举人便会对自己的权力产生一种无穷大的自信……完美的民主制就是世界上最无耻的东西。因为它是最无耻的，所以它也就是最肆无忌惮的。"❷

直接民主除了可能成为多数人的专制之外，要想实现直接民主还需要苛刻的条件，如果不是小国寡民，是不可能实现直接民主的。而且不能过高估计选举人参与自我共同管理的热情。雅典公民对民主、参加公民大会的热情远远比不上后世人雅典公民大会的想象，"伯里克利斯虽然尽量鼓励选举人参加政治活动，经常召开公民大会，但能参加会议的仍是少数。如在雅典与斯巴达战争时，国家正处于危急的时候，召开公民大会时，参加的人数最多也不超过5000人"❸。"雅典有公民权的人约有3万人左右，由于上述各种原因，通常出席公民大会的人数不超过两三千人。"❶

❶ 乔万尼·萨托利. 民主新论：上卷［M］. 冯克利，阎克文，译. 上海：上海人民出版社，2015：66.

❷ 劳埃德·柏克. 法国革命论［M］. 何兆武，译. 北京：商务印书馆，1998：125.

❸ 李天祜. 古代希腊史［M］. 兰州：兰州大学出版社，1991：314.

❶ 同❸：319.

"绝大多数雅典人都必须为了生计而劳作。"❶ 事实上，由选举人直接管理国家事务是不现实的，即便在雅典城邦国土范围小，事务相对不纷繁复杂的前提下，也未能实现由选举人完全掌握政权，行政官员尤其是将军仍掌握了雅典的重要政权。

当选举人不选择由自我行使政治权力、管理国家事务的时候，只能选择委托的方式，选择特定的人替代选举人行使政治权力和管理国家事务。选择行使政治权力的人的方式，就是选举。不同于直接民主，直接管理国家事务，这种选举是间接民主，由选举人选择行使政治权力的人。民主，也就从直接民主的期望中走向了选举民主的现实。有学者认为："选举是民主的本质。"❷ 更具体地说："民主方法就是那种为作出政治决定而实行的制度安排，在这种安排中，某些人通过争取选举人选票取得决定的权力。"❸

从民主到选举，共同体在政治生活中发挥的制度性作用减弱，这意味着个人与共同体之前的关系越来越疏远。"共同体与个人之间的关系越来越疏远，这是人类社会进步在公民身份问题上的显著特征。现今的这种广义而稀薄的公民身份，来源于自由主义对于个人与国家之间关系的认知，即限制国家权力，减少它对公民个人生活的干预。这是就现在选举人所谈论的公民身份的

❶ 摩根斯·赫尔曼·汉森. 德摩斯提尼时代的雅典民主：结构、原则与意识形态 [M]. 何世健，欧阳旭东，译. 上海：华东师范大学出版社，2014：454.

❷ 塞缪尔·P. 亨廷顿. 第三波：二十年之后看未来 [M] // 刘军宁. 民主与民主化. 北京：商务印书馆，1999：423.

❸ 熊彼特. 资本主义、社会主义与民主 [M]. 吴良健，译. 北京：商务印书馆，1999：395.

两大传统之一，即公民身份的自由主义传统。与之相对的另一种传统，即公民身份的共和主义传统，对公民个人与共同体关系的规定复杂厚重得多，当然历史也更久远得多。"❶ "民主意味着个人应当屈从于共同体，这也是雅典城邦民主制度的特征，（雅典城邦）民主制度就是一种进行集体决策的（城邦）统治体系。……社会不允许给独立性留有余地，也不允许个人得到保护，它完全吞没了个人。城邦是至高无上的，因为组成城邦的每个人都要彻底服从城邦。"❷ 选举则意味着个人不必屈从于整体权力，现代民主制度的意义就在于，它保护有人格的个人的自由。这种自由不能委托给他人，正如贡斯当所说，不能"让个人屈从于整体的权力"❸。

二、选举和民主同样要求制约政治权力

前文已述，选举在对抗专制、替代专制中产生，能够对抗专制、替代专制是选举的理念。选举是为了对抗专制，民主也是为了对抗专制，选举和民主出于同样的目的。但是选举和民主毕竟是两种概念，尽管选举人总是将民主视为一种选举的方式，提到民主就会提到选举，将民主认定为选举民主，民主的实践性表现就是选举，但是，并不能因为选举承担了与民主一样的功能，就

---

❶ 德里克·希特. 何谓公民身份［M］. 郭忠华，译. 长春：吉林出版集团有限责任公司，2007：1.

❷ 乔万尼·萨托利. 民主新论：下卷［M］. 冯克利，闫克文，译. 上海：上海人民出版社，2015：443.

❸ 同❷：444.

直接将选举本身表述为民主。不可回避的问题是，提到选举，往往会把选举视为民主的标志，"实际上，现代所有的政治体制——极权的，民主的，资本主义的和共产主义的——都实行选举……所有的政府都想通过这一象征形式将民众吸引住，并为自身的统治增加一个合法的光环"❶。那么，选举如何才能成为民主的标志？选举如何体现民主？

（一）选举形式体现了民主理念

柏拉图关于理念世界与现实世界的区分理论认为，"理念乃是那些不变的、永恒的、非物质的本质或原型，我们所看见的实际的可见事物仅仅是这些原型的拙劣的摹本。"❷ 而且选举人的感性具有不确定性，感性对外部事物的把握会随时间、空间、主体、视角等方面的变化而变化。选举既是事物，也是理念，我们认识到的选举往往只是事物，但是选举本身也是一种理念。

共同表决既可以用来决事，又可以用来选人，选人本身也是事务。选举是以共同表决、投票的方式确定当选人。既然是共同表决，那么每个人都拥有决定的权利，这就是民主。实则，民主概念最初确实源于政治生活，但是民主的方式，共同表决的方式并不仅仅发生在政治生活中，各种形式的民主广泛存在。因此，选举这种共同表决的形式，符合民主的理念和精神，选举形式本

❶ 托马斯·戴伊，哈蒙·齐格勒. 民主的嘲讽［M］. 孙占平，等译. 北京：世界知识出版社，1991：225.
❷ 撒穆尔·伊诺克·斯通普夫，詹姆斯·菲泽. 西方哲学史：从苏格拉底到萨特及其后［M］. 匡宏，邓晓芒，等译. 北京：世界图书出版公司，2008：47.

身就能体现民主理念。

（二）权力制约——选举和民主重合的原因

选举是自上而下推动的，在相互制约关系中，候选人占据主导地位，是经验主义的，以选举的方式制约政治权力，然后实现民主。民主是自下而上推动的，在相互制约关系中，选举人占据主导地位，是理性主义的，通过选举的方式形成受制约的政治权力，将民主的理念付诸现实。选举，以自上而下的方式制约权力，民主，以自下而上的方式制约权力，选举和民主重合的地方，选举就是民主，民主就是选举。

选举人与候选人的二分，二者之间相互满足的关系总是事实上存在的，形成了事实上的互相制约、互相控制的关系。但是这种制约和控制并不都是直接的，当选人制约候选人是直接的，选举人制约当选人是间接的，基于一种反抗的可能性。社会管理，本来就是需要互相满足，纯粹的压迫不可能长久存在。选举开通了双向制约的制度化通道，民主也一样，"（民主）不但包括权力的上升，更包括权力的下降。在这条双向轨道上，如果选举人失去了控制权，那么对选举人的统治便会危险地同选举人的统治毫不相干"❶。选举和民主都是强化了选举人的这些制约公权力力度和有效性，从抽象的威胁式制约到具体的、可见的制度式制约。

民主直接要求政治权力应当回应选举人的诉求，"民主的重

---

❶ 乔万尼·萨托利. 民主新论：上卷 ［M］. 冯克利，阎克文，译. 上海：上海人民出版社，2015：62.

要特征就在于政府不断地对公民的意愿作出回应"❶，选举只能要求候选人为了获得选票而回应选举人的诉求。前者将满足选举人的诉求当作目的，后者将满足选举人的诉求当作工具。前者，希望选举人主导；后者，选举人则失去了主导地位。但是，当民主不得不选择选举形式作为实现目的的手段时，赢得选举就是赢得选举人，不再是选举人控制了选举，而是由选举控制了选举人，满足选举人的诉求也从被当作目的转变为被当作手段。而选举将满足选举人的诉求当作手段，也就是选举民主的缺陷，选举本身难以真正满足选举人的诉求，民主对选举规则提出了要求。

进一步说，考虑到政治权力的先在性的事实，民主一旦变成现实，就会背离其初衷。选举比民主更能反映现实。民主是一种理想的假设，表达了选举人的美好愿望，这是一种不能直接实现的愿望，但是可以不断地为之努力。但是，从制度的角度来看，从直接有效发挥作用的角度看，民主转变为选举。尽管民主表现为选举，但是民主的理念增加了选举人的自我意识，强化了公民意识，强化了相互满足的深度，选举人对候选人不断地提出更高的要求，不断地鞭策候选人。

撇开选举和民主的联系单独地看选举，选举可以分为民主建构下的选举与非民主建构下的选举，选举以自上而下的方式实现民主，是改革的结果；民主以自下而上的方式选择了选举，是革命的结果。但凡自下而上的选择选举，那就是民主下的选举。选举往往被视为一种方式，但也能体现为一种价值；民主往往被视

---

❶ 罗伯特·D. 帕特南. 使民主运转起来［M］. 王列，赖海榕，译. 南昌：江西人民出版社，2001：72.

为一种价值，但也能表现为一种方式。选举通过让渡权力达到服从，让渡权力本身并不是服从的原因，而是让渡权力带来的结果形成服从；民主通过让渡权力获得公共利益。民主的初衷是共同行使权力，但是只要有了选举，初衷就不会实现，就不再是共同行使权力，选举人不再占据主动地位，而是处于被动地位，民主在形式上、在事实有效的程度上，就会只剩下选举，以及选举人的更高的期望。不是出于制约权力的目的，但最后都达到了替代专制的目的，达到制约权力的目的。前者的制约更强，后者的制约稍弱，后者往往是权力妥协的产物。前者是经验地、自上而下地让渡分配权力；后者则通过理性建构，自下而上地让渡行使权力。

民主与选举的重合从英美的民主、选举的发展历程中也能得到证实。美国的立宪主义者抵触民主的观念，通过扩大选举、通过政治制度的建立和稳固，慢慢吸纳了民主的观念，进而宣称自己是民主国家的典范。法国成为民主国家的方式，便是基于民主国家的理念，通过完善选举制度，将选举人都吸纳进选举制度，形成稳定的政治制度，成为民主选举国家。"法国式的民主完全是诞生于一次革命的决裂，英美式民主则是一个渐进的、有着很大连续性的历史发展过程……美国 1776 年的《独立宣言》本质上是一份要求有权沿着英国已有的自由道路前进的宣言。相反，法国革命完全是蓄意同过去决裂并否定过去。"❶

---

❶ 乔万尼·萨托利. 民主新论：上卷［M］. 冯克利，阎克文，译. 上海：上海人民出版社，2015：92.

三、民主要求社会公众在社会管理中发挥更大的作用

政治权力是第一性的，选举是第二性的，政治权力的保障应当优先于选举的扩大，选举扩大应基于政治制度的成熟。再加上选举的实行和选举规则的制定本来就是由掌握政治权力的少数人决定的，这就构成了选举的内在矛盾，影响着选举发挥制约政治权力的作用。正如选举实质上是以自上而下的方式实现权力制约，民主实质上是以自下而上的方式实现权力制约。民主理念恰恰是解决选举内在矛盾的重要因素。选举要求政治权力的保障优先于选举的扩大，民主则相反，要求选举的扩大优先于政治权力的保障，要求更为严格地制约政治权利，要求更大的政治参与和政治影响力。

（一）民主比选举更要求严格制约政治权力

民主，本意由共同体共同行使政治权力、管理国家事务，由于共同体共同行使权力、管理事务的缺陷，共同体不得不将权力委托给值得信赖的人行使，而这种委托方式表现主要为选举。而选举，本意并不是共同体要直接行使政治权力，只是共同体掌握了分配政治权力的权力，共同挑选值得信赖的人并由其来行使政治权力。在民主的理念中，社会公众是主导者，社会管理人的管理只是一种工具；而在选举的理念中，社会管理人是主导者，社会公众的选择只是一种工具。一旦民主的理念转变为选举的方式，共同体就会成为被引导者。但是，民主下

的选举，因为是授予权力，所以必然对政治权力的行使提出较高的要求，直接要求实现共同体的诉求；选举本身，只是分配政治权力，以分配政治权力的方式来制约政治权力，来实现共同体的诉求。

当民主不得不选择选举方式的时候，民主直接要求实现共同体的诉求在事实上只能经由选举的方式实现，也就是通过选举制约政治权力的方式实现，那这种诉求实现的自效性会减弱。尽管经由选举，共同体的诉求实现的有效性会减弱，但是民主理念对行使政治权力的要求不变，对制约政治权力提出了超越选举本身的高要求。因此，民主是一种强制约手段，相比民主，选举只是一种弱制约手段，也就是说，民主对选举制约政治权力提出了更严格的要求。毕竟实现民主的方式确定为选举，民主就会发生异化，选举就替代了民主，"当公众把他们的基本管理职责委托给代表的时候，这也就开始产生了一个异化的过程，其结果是败坏公共利益和共同立场的观念。这种异化会逐渐使民主变得无足轻重，会把社会公共事务中本来应当进行协商的参与转化成为一种具有讽刺性的由媒体欺骗操纵的选举"❶。

事实上，民主概念比选举概念更令人激情澎湃、血脉偾张，民主概念比选举概念更有煽动性。民主比选举对制约政治权力、强化政治参与都提出了更高要求，当然，相应地，选举概念对民主的期望和冲动也给予了限制。

---

❶ 本杰明·巴伯. 强势民主［M］. 彭斌，吴润洲，译. 长春：吉林人民出版社，2006：序言5－6.

（二）民主比选举更要求扩大政治参与

民主表现为选举，但又未被称为选举，那是因为民主是选举的更高要求，选举是民主的表现。选举为了制约政治权力，政治参与的程度并不是选举重点关注的内容。扩大选举权的理由，更多公民获得选举权的理由，不是基于选举理念，而是基于民主理念。民主的原意是共同体共同行使政治权力，即便共同体将权力授予社会管理人，那么这种授予行为，这种选择社会管理人的行为也应当由共同体全体来完成，而并非仅仅由部分人去完成。这种共同去完成的形式基于民主的要求，既是公平的表现，又是体现尊严的表现。民主，本意由共同体共同行使政治权力和管理国家事务，当民主不得已通过选举的形式而实现时，行使政治权力只能变成制约政治权力的行使，但是民主理念必然要求扩大政治参与。而选举并不要求扩大政治参与、扩大选举范围，甚至恰恰相反，政治权力还是限制政治参与、扩大选举的理由。因此，既要选举，又要使选举体现民主的理念，缩小选举与共同体共同行使政治权力之间的差别，寄希望于使共同体制约政治权力和共同体行使政治权力的效果的差距并不明显。

当民主转变为选举时，民主就从强民主转变为弱民主。弱民主，则是消极民主，其目的是确保个人在私人生活领域中的自由，保障个人自由免于政府的强制，候选人执行自我的意志。弱民主对政府只有弱的规范性作用，并不直接约束和引导政府行为，而是要求政府保证私人生活的自由，保障实现公共利益。强民主，是积极民主，要求个人参与政治权力的行使和政府事务的管理，或者至少能够直接约束和引导政府行为，而不仅仅满足于私人领域中的自由不受强制。在强民主中，候选人执行的是共同体的意志。弱民主、选举对政府只能起弱规范作用，而弱规范作用并不足以稳定地制约和规范政府行为。当然，民主本意是强民主，民主并不会满足对政府起到不稳定作用的弱规范作用，也就是说，即便强民主在实践中难以实现，但是会被弱民主和选举提出更高的要求。因此，在政治领域，民主发挥作用的方式就是选举，但是民主理念与选举理念相比，对选举的形式提出了更高的要求。选举不仅仅是限制政治权力，也要尽可能地保障共同体在政治制度中的参与作用，要求候选人之间有效竞争。候选人之间的竞争越有效，共同体在政治制度中的参与效果就越明显。

第四节　政党未能发挥规范作用

政党政治下，政党能够规范候选人、选举人的行为，政党未能发挥规范作用是贿选发生的重要原因。政党是现代政治的一个标志，现代国家的发展离不开政党的努力。"现代政治与传统政治的一个重要区别在于政党的出现和政党政治的发展。如果说马基雅维利时代政治舞台的主角是君主，那么当今世界各国政治舞台的主角就是政党。"● "在政治现代化领域，没有一种角色比政

● 林尚立. 政党政治与现代化：日本的历史与现实 ［M］. 上海：上海人民出版社，1998：前言.

党政治家更为重要。"❶ "'政党'以不同的形式出现（改良者、革命者、民族主义者），它已经成为发展社会现代化的工具。政党在所有当代社会的现代化竞争中如此重要，以致不同社会所走的现代化道路往往是由政党所决定的。"❷ 同时，"在那些缺乏有效政党的国家里，在那些个人利益、家庭利益、集团利益或是宗族利益占优势的社会里，腐化最盛行。"❸

尽管政党在政治领域发挥的作用如此重要，然而在政党观念被普遍接受之前，政党观念却总是受到敌视，政党与派别似乎并没有本质上的区分，或者说政党正是在派别的基础上发展起来的，"君子不党"的观念，不仅在中国存在，而且在现代政治发展初期的英美国家也都存在，美国开国立宪者华盛顿和麦迪逊是极力排斥政党观念的。

一、选举的扩大是政党产生的重要原因

政治权力源于共同体的共同需要，而社会管理人通过选举掌握政治权力。在选举中，希望成为社会管理人的候选人是主导者，选举人是被引导者。因此，选举不可回避的一个现实就是动员，与人口、领土、选举人规模相联系，动员越广泛，对动员的

❶ 戴维·E. 阿普特. 现代化的政治 [M]. 陈尧，译. 上海：上海人民出版社，2011.

❷ 戴维·E. 阿普特. 现代化的政治 [M]. 陈尧，译. 上海：上海人民出版社，2011：136.

❸ 塞缪尔·P. 亨廷顿. 变化社会中的政治秩序 [M]. 王冠华，刘为，等译. 上海：上海世纪出版集团，2008：54.

要求就越高。随着争取选举权运动的开展和普选的实现，在选举人人数剧增的情况下，需要一种动员广大选举人的手段，而具有动员能力的政党就能作为这样一种制度化手段。亨廷顿认为："政党和政党体系在政治体制中既起着被动作用也起着能动作用。选举和议会是代议工具，政党则是动员工具。""没有政党的选举使现状周而复始，只不过是一种用来给传统结构和传统领导权披上一件合法外衣的陈规罢了，这种选举的特点是投票率很低。而有政党参加的竞选，则为在制度架构内部进行政治动员提供了一种机制。政党引导着政治参与步出歧途，进入选举渠道。参与竞选的政党越强大，选举人数就越多。"❶ "有组织的政党的前身在 16 世纪和 17 世纪的革命中就有过。但是真正算作组织起来的政治政党应当说是在 18 世纪首先出现于美国，以及稍后出现的法国。那里的政治参与范围第一次扩大了。"❷

二、政党是对抗专制的制度化手段

马基雅维利的政治管理理论描绘了一幅充满人的情绪化、邪恶，尤其是人的软弱的图景，这也构成了他的政治管理理论的前提。尽管马基雅维利的政治管理理论后来一直被批判，但是其指出的人的软弱却是人在共同体中生活的真实状态。人的软弱使得人在共同体中容易被分化、被收买和被胁迫。人的软弱性也被带

---

❶ 塞缪尔·P. 亨廷顿. 变化社会中的政治秩序［M］. 王冠华，刘为，等译. 上海：上海世纪出版集团，2008：336.

❷ 同❶：69.

入政治生活中，选举中，人会有软弱性；共同议事中，人也会有软弱性。托克维尔意识到，仅仅有民主和选举并不能解决人的软弱性问题。他指出："在民主国家里，全体公民都是独立的，但又是软弱无力的。他们几乎不能单凭自己的力量去做一番事业，其中的任何人都不能强迫他人来帮助自己。因此，他们如不学会自动地互助，就将全都陷入无能为力的状态。如果民主国家的人没有以权利和志趣为政治目的而结社，那么他们的财富和知识虽然可以长期保全，但他们的独立却要遭到巨大的危险。"❶ 政党具有动员的功能，而动员功能会自带团结的功能，也就是说，政党具有团结的功能。团结就能够对抗分化、收买和胁迫，进而可以对抗专制的控制。

仅仅具有制度化的选举，而缺失其他制度的支撑，选举还不足以有效发挥制约权力、对抗专制的功能。基于人的软弱性，选举是能够被控制的，而且选举人对于这种不当的控制行为往往无能为力，"因为钱多可以贿选，权大可以网罗势力。于是他们（雅典城邦的公民）从实践中得出一个结论：要想使无钱无势的广大下层公民平等地分享担任公职的机会，必须实行抽签选举。"❷ 共同议事就更加需要政党的出现。英国的历史表明，即便议员是选举人选择的，但是缺失政党，议员就无法对抗专制，"'光荣革命'确立了议会的主权，按照政治发展的趋势，议会的权力应当不断上升和强化。但 1760 年，乔治三世（1760—

---

❶ 托克维尔. 论美国的民主 [M]. 董果良，译. 北京：商务印书馆，1989：638－639.

❷ 任寅虎，张振宝. 古代雅典民主政治 [M]. 北京：商务印书馆，1983：38.

1820）继承王位，试图恢复国王个人统治。其措施就包括通过贿赂控制下议院。通过贿赂收买和封官许愿控制大批下院议员。如1761年选出的558名议员中，仅有约300人未从政府获取职位、合同和年金"❶。这种情况不仅发生在英国，但凡没有政党的地方，即便存在选举，也无法抵抗专制。亨廷顿也把政党当作抵抗专制的安排，"政党则是一大发明，对于建立在世袭制、社会地位或土地占有基础上的特权阶级的政治权力来说，它生来就是一种威胁。"❷

三、政党是对抗过度政治参与的制度化手段

为防范政治参与并扩大其对政治制度造成的冲击，政党制度是一种有效手段，"在传统政治制度软弱或根本不存在的地方，稳定的先决条件是至少得有一个高度制度化的政党。有了这样一个政党的国家，比没有这样一个政党的国家显然要安稳得多。没有政党或者有许多弱小政党的国家是最不稳定的。在那些传统政治制度被革命粉碎的地方，革命后的秩序实有赖于单一强大政党的出现。"❸ 政治参与（选举）的扩大应当以政治制度的成熟为前提条件，高度制度化的政党是成熟的政治制度的标志，因此，"组织政治参与扩大的首要制度保证就是政党及其政党体系。"❹

---

❶ 王觉非. 近代英国史［M］. 南京：南京大学出版社，1997：283.

❷ 塞缪尔·P. 亨廷顿. 变化社会中的政治秩序［M］. 王冠华，刘为，等译. 上海：上海世纪出版集团，2008：337.

❸ 同❷：70.

❹ 同❷：333.

"为了尽量减少政治意识和政治参与的扩大酿成政治动荡的可能性，必须在现代化进程的早期就建立现代化的政治体制，即政党制。"❶ 确实，"进行有意义选举的前提是要有一定水准的政治组织。问题不在于举行选举，而在于建立组织。如果不是绝大多数……处于现代化之中的国家里，选举只会加强那些闹分裂的并且常常又是反动的社会势力，瓦解公共权威的结构"❷。

政党是对抗过度政治参与的制度化手段，其发挥作用的方式就是组织和规范选举活动，防止政治参与的任意和非理性。而政党的这种组织和规范作用，也起到了团结社会、强化国家能力、政治权力的作用，能够提供政治社会所需要的力量，毕竟"政治社会是需要力量与干劲的"❸。

四、政党能规范候选人和选举人的行为

当个人身份与党员身份相结合时，个人的形象关乎政党的形象，政党会约束和规范党员的行为。由政党提供政治过硬、本领高强的候选人，并通过党纪、党规对本政党的候选人、选举人进行持续性引导和制约，除要求不得违法行使权利外，还要求认真、负责地行使权利。而且，政党会向党员灌输和培养"促进国民利益"、实现公共利益的目标和理念，这些都能够加强党员选

---

❶ 塞缪尔·P. 亨廷顿. 变化社会中的政治秩序［M］. 王冠华，刘为，等译. 上海：上海世纪出版集团，2008：334.

❷ 同❶：6.

❸ 爱德蒙·柏克. 美洲三书［M］. 缪哲，译. 北京：商务印书馆，2012：301.

举人、候选人和当选人的责任意识、道德意识、民主意识和法治意识。

　　政党不仅能规范候选人的行为，而且能规范候选人当选后的履职行为。通过选举当选是一回事，当选后是否恰当履职又是另外一回事。在选举中，选举人能做的不仅是选择，还享有罢免的权利，但是无论选择抑或罢免都不能持续性地对候选人（当选人）进行有效制约。选举人并没有办法直接约束当选人恰当履职。当选人能否认真履职，脱离了选举人的直接约束，根本上还取决于当选人的态度和能力。而选举人对当选人的约束，只能是基于当选人是否寻求连任。除此之外，要对当选人进行直接、持续性约束，只能基于当选人的政党身份，并通过政党进行约束。当选人的任期有限，但是政党却希望本政党推荐的党员能够一直当选。当选人的形象就是该政党的形象，假如某位党员当选后，其所作所为不符合选举人的合理期待，就会损害该政党的形象，因此该政党就会对该党员的行为进行持续性规范。选举人对当选人恰当履职的期待，可以转移到对该政党的期待。

第五章　贿选治理的制度防范路径

选举的制度设计包括三个方面：选举的法制建设、民主理念和政党政治。这三个方面是完善选举制度、控制选举问题、保障选举目的实现的关键。事实上，贿选问题的产生也与这三个方面有关。要治理贿选，无论是通过贿选产生的原因来看还是通过完善选举制度的角度来看，都应该从法制建设、民主理念和政党政治入手。当然，正如法制建设、民主理念和政党政治之间并不是泾渭分明的，法制建设既可以是直接关于选举的法制建设，关于民主理念培养的法制建设，也可以是关于政党政治的法制建设。其中，法制建设和政党政治都归属于制度建设，民主则既可以与制度相关，是制度制定的理念，又可以是一种行为观念。而行为观念，既可以包括民主观念又可以包括遵守法律的法治观念。对于贿选的治理问题，只能依赖制度，应当通过制度建设解决贿选问题，并不能指望人们的美德去主动拒绝贿选。当然，培养民主和法治理念对遵守制度也是重要的。

第一节　贿选的法律治理理念

选举制度除了选举的行为规范制度，更重要的是关于选举进行的规则，是选举规则建构了选举进行的框架。贿选违反的是关于选举的行为规范。要求人们遵守选举规范，遵守的是关于选举的行为规范。要求人们放弃选择贿选的方式，一方面，是指望人们遵守关于选举的行为规范，而指望通过美德使人遵守行为规范而不选择贿选方式是不现实的；另一方面，是通过选举制度的构建，主要是关于选举规则的制订，缩减贿选产生的制度空间，当然也不能忽略选举的行为规范，不能忽略对贿选行为的有效制裁。

一、治理贿选不能指望美德

贿选是候选人与选举人合意的行为，合意源于双方的意愿表达，只要有一方不愿意贿选或者不接受贿选，贿选行为就不会产生。不愿意贿选或者不接受贿选有两种可能：其一，不愿意贿选或者不接受贿选；其二，贿选或者接受贿选是不经济的行为。其中，寄希望于不愿意参与贿选或者不接受贿选只能指望美德。

美德，确实曾在政治制度中发挥过不可替代的作用。雅典的民主制度就是以美德作为基础的。很难想象，一群缺失美德的人在古典民主制度下进行共同管理。孟德斯鸠就曾一针见血地指出："生活在平民政体中的希腊政治家们很明白，支持这一政体的唯一力量是美德。"❶ 但是美德不是天赋的，在雅典城邦，美德源于战争，源于公民与城邦的生死与共，"（在雅典城邦）公民与他们的城邦休戚相关，可以说是生死与共"❷。伯里克利在阵亡烈士的葬礼上的演讲就明确指出美德源于生活方式，而不是被强迫、被期望产生的："在我们对于军事安全的态度方面……我们所依赖的不是阴谋诡计，而是自己的勇敢和忠诚……我们的勇敢是从我们的生活方式中产生的，而不是国家法律强迫的；我认为这些是我们的优点。"❸ 而成功、经济发展则会摧毁与城邦生死与共的观念和生活方式，美德因此就会流逝，政治制度的基础就不复存在，这就会导致雅典民主制度的失败。"巨大的成功，尤其是人们为之作出了巨大贡献的成功，会赋予人们一种傲气，致使人们再也不接受领导。他们忌恨官吏，进而忌恨所有官职；他们敌视政府，进而敌视政治体制。就这样，萨拉米海战中击败波斯人的胜利腐化了雅典人的共和国，就这样，雅典人的战败葬送了叙拉古共和国。"❹

美国的立宪主义者发现，美德无法被信赖，于是就将对美德的指望从政治制度中移除，不再将美德作为政治制度的基础。诺

❶　孟德斯鸠. 论法的精神：上卷［M］. 许明龙，译. 北京：商务印书馆，2012：32.

❷　乔万尼·萨托利. 民主新论：下卷［M］. 冯克利，阎克文，译. 上海：上海人民出版社，2015：432.

❸　修昔底德. 伯罗奔尼撒战争史［M］. 谢德风，译. 北京：商务印书馆，1997：131－132.

❹　孟德斯鸠. 论法的精神：上卷［M］. 许明龙，译. 北京：商务印书馆，2012：136.

亚·韦伯斯特在为新宪法辩护时，更是毫不留情地斩断了美德与共和政体的天然联系，把共和国建立在一种全新的基础上。他认为，"财产乃是权力的基础"，只有把"美德"换成"财产或自由持有的土地"，孟德斯鸠的体系才是正确的；如果人性不发生改变，美德就绝对不是也绝不会是"政府的固定而永久的原则和支持"。他相信，只要人们拥有财产，他们就拥有权力，这一权力将会始终发挥作用，于是，"美利坚的自由，以及她的政府形式，就会矗立于广阔的基础之上"。在他的观念中，问题的症结不是美国人是否具备美德，而是共和政体根本就不必以美德为基础。他用财产取代美德，为美国新政体的合理性找到了一个新的支撑点。❶

在现代选举制度下，社会管理人与社会公众之间存在相互制约的关系。人们只是被引导参与选举，人们并不参与政治权力的行使和政府事务的管理，当选人执行的只是自己的意志，而非共同体的意志。相互指望关系制度化的前提假设，就是社会管理人与社会公众的德行并不值得信赖，正是通过选举使得社会管理人与社会公众之间能够相互制约。因此，现代民主制度、选举制度的运行可以不用寄希望于美德。

不将美德作为政治制度的基础，不是说美德在政治制度中毫无作用，并不排斥美德在政治制度中的作用，只是说不能将美德作为制度的基础，不能依赖美德使得政治制度顺利运行。因此，要求人们遵守选举规则，防止出现贿选行为，并不能指望美德。

---

❶ 李剑鸣."共和"与"民主"的趋同：美国革命时期对"共和政体"的重新界定［J］. 史学集刊，2009（5）.

二、治理贿选只能依赖制度

选举是贿选现象发生的土壤，没有选举就没有贿选，选举的制度安排为贿选的发生奠定了基础。要解决贿选问题，就得针对选举制度，依靠改善选举制度和与选举相配套的制度，"如果现行规则不变，则指望利益群体会单方面独立进行充分的自我约束，看起来就是十足的愚蠢。指望他们这样做，就等于期望他们采取与其存在理由相反的行动。"❶ 治理贿选，只能依赖规则，而不能指望美德，"要改善政治，必然要改善或改革规则，政治竞争是在规则结构内进行的。不要以为改善政治得依赖那些为'公共利益'奋斗的人，似乎那些人道德高尚，可以有权代理民众进行选择。竞争是由竞争规则来描绘的，较好的竞争是通过改变规则才产生的"❷。治理贿选只能依赖制度，这里的制度是指选举制度和与选举相配套的制度，而不只是制裁贿选行为人或者制裁受贿人。对于贿选问题的解决，制裁总是第二性的方式，第一性的方式是防范。防范不力，贿选行为的发生就不会是个别现象。违法行为过多，既会带来制裁在操作上的困境，又会对政治制度造成人才缺失和公信力的伤害。

解决贿选应当针对选举制度。一方面，不得违反选举制度存在的目的，不能违反选举作为相互满足关系制度化的工具的目

---

❶ 詹姆斯·布坎南，戈登·塔洛克. 同意的计算［M］. 陈光金，译. 北京：中国社会科学出版社，2000：318.

❷ 詹姆斯·布坎南. 自由、市场和国家［M］. 平新乔，莫扶民，译. 北京：生活·读书·新知三联书店，1989：34.

的；另一方面，围绕着选举制度去解决贿选问题，应当在选举制度的具体属性中寻求思路。具体来说，解决贿选问题应当明确选举的以下属性：

第一，选举是人们选择政治精英的制度化工具；

第二，选举是由候选人主导的、选举人被动参与的选举；

第三，选举权是一种权利而非义务，而且人们获得选举权的目的并不是为了参与选举；

第四，选举是集体行为，投票是个人行为；

第五，选举是选举精英；

第六，选举是民主选举；

第七，政党制度是选举不可缺少的制度。

其中，贿选行为的发生是候选人和选举人之间达成合意的行为，解决贿选问题既要围绕选举制度，也必须针对候选人和选举人。从候选人和选举人的角度出发，进一步明确，候选人主导了候选行为，治理贿选主要是指望能够规范候选人，而不是指望能够规范选举人。

选举人的投票依据是根据个人的情感偏好，情感偏好既可以是理性的也可能是非理性的。强制多数的选举人作出理性的选择是不现实的。而且选举人依据个人的情感偏好进行选择，并不会影响候选人之间的竞争公平，候选人依旧会展现最好的自己以获得人们的偏好和选票。如果强制选举人作出理性选择，投票依据一定的标准，那么候选人之间的竞争就不再是争取选举人的投票，而是争取满足一定的理性标准，这样的竞争反而失去了选举的价值。而候选人争取选票的方式并不能仅仅依据个人的感情偏

好，而应当以一种理性的方式去争取，不能通过非正当的方式来
获得选举的优势。这种非正当的方式是指借助于和当选无关的力
量获得选举优势和控制选举，候选人就不用致力于满足选举人的
共同需要了。

三、治理贿选应当从制度上控制

选举是贿选现象发生的土壤，有选举就有产生贿选的可能。
选举制度为贿选的产生留有制度空间的原因在于，候选人赢得选
票是基于一种事实上的影响力。贿选就是一种较为强烈的影响
力。能否赢得选举，取决于事实上的影响力。一方面，选举要发
挥作用，就必须保证竞争的有效；另一方面，只要决定竞争结果
的是事实上的影响力，竞争就总是可能被事实上的外在条件垄
断，毕竟"典型的公民一进入政治领域，他的精神状态就跌落到
较低水平上。……他又变为原始人了"❶。在选举中，"人们以及
大多数人中存在的理性的无知现象，意味着大多数人常常看不到
他们真正的利益所在。"❷ 而这些外在条件与能够保障候选人满
足选举人的共同需求无关，却破坏了竞争的公平和有效性。也就
是说，选举总可能被一种方式在事实上控制，至于是什么方式和
外在条件可以垄断和控制选举竞争，则取决于具体的选举制度。

---

❶ 熊彼特. 资本主义、社会主义与民主 [M]. 吴良健，译. 北京：商务印书
馆，1999：396.

❷ 曼瑟·奥尔森. 民主理论的前言 [M]. 顾昕，朱丹，译. 北京：三联书店，
1999：188.

当选举制度的基础不够宽泛时，贿选就能够获得事实上垄断选举的影响力。而当选举制度的基础足够宽泛的时候，利用金钱的宣传造势就能成为事实上垄断选举的影响力，而利用金钱进行贿选已经行不通了。"政治献金"制度历史悠久，其初衷是协调"经济不平等"和"政治平等"理想之间的矛盾，规定政治活动参与者可以向企业和社会募捐，避免政治成为富人的游戏，使公权力落入大企业和大富豪之手。❶ 而在雅典公民大会制度下，在公民到场的情形下，辩论和演说便成为垄断选举的手段和条件。"在德摩斯提尼时代，雅典所有的政治领袖都是演说家，而军事将领的身影再也见不到了。不论这些政治领袖拥有何种职权，不论是作为行政长官还是财务官，说服民众的口才远远都要比其实际能力更重要。"❷

因此，治理贿选的问题并不是要求从制度上彻底地消灭贿选。如果在制度上彻底地消灭了贿选，从根本上改变了选举的制度安排，那么必然还会出现其他垄断选举竞争的方式。因此，治理贿选应当从制度上给予控制。

第二节　加强贿选治理的制度建设

加强贿选治理的制度建设包括三个方面：第一是关于选举规

❶ 薛磊. 政治献金的今与昔［J］. 时事报告，2010（12）.

❷ 摩根斯·赫尔曼·汉森. 德摩斯提尼时代的雅典民主：结构、原则与意识形态［M］. 何世键，欧阳旭东，译. 上海：华东师范大学出版社，2014：436.

则的建设；第二是关于选举的行为规范的建设，应加大对行为人的制裁；第三是与选举有关的制度的建设，是指加强政党的管制与干预的制度建设。选举规则的建设，即关于选举框架的建设，包括引入竞选承诺规则、引入关于贿选的举报制度、强化对有钱人群参选的监管制度、扩大选举的制度基础。这些措施与贿选产生的原因有直接关联，根据贿选产生的原因，通过制度建设予以回应。引入竞选承诺规则是针对选举是候选人主导进行和选举人被动、消极参与选举的原因；引入关于贿选的举报制度主要是针对选举作为集体行动与个人行为之间的冲突的原因；强化对有钱人群参选的监管制度是针对有钱人群有更强的动机进行贿选的原因；扩大选举的制度基础是针对选举制度基础不够宽泛的原因；加强政党对选举的规范作用是针对政党未能发挥规范作用的原因；而规范权力运行、加强反腐尽管与选举的制度建设在形式上没有直接关联，但是能够针对候选人对权力背后的不当利益的欲望的原因，对于贿选治理也有重要的作用。

一、引入竞选承诺规则

关于竞选的承诺有两种形式，第一种是关于参加竞选的承诺，第二种是关于竞选本身的承诺。第一种承诺是竞选开始之前的承诺，是参与竞选的条件；第二种承诺是在竞选过程中表达的承诺，目的是争取选举人投票的承诺，是赢得竞选的条件。

第一种竞选承诺的内容是规范化的，内容包括：遵守选举规则，不得通过贿选或者其他选举舞弊的方式参与选举竞争；承诺当选后恰当履职；承诺全心全意为人民服务；承诺当选后遵纪守法、廉洁奉公；等等。这样的选举承诺，能够强化候选人的民主意识和法治意识，营造公平、有序的选举环境。这样的选举承诺不仅能够强化候选人的民主意识和法治意识，而且能够激发和强化选举人的民主意识和法治意识，促使其认真对待选举权、不得滥用选举权。

第二种竞选承诺的内容是自由的，实质上是一种普惠选举人的竞选承诺。这样的竞选承诺能够在道德上约束当选人，当选人应当实现其在竞选过程中提出的竞选承诺，做到普惠选举人。更重要的是，引入竞选承诺规则为竞选提供了公平的、充分竞争的平台，竞争不充分容易产生不当竞争的手段。同时，引入竞选承诺规则也为选举人的选择提供了可区分、可对照的标准，便于选举人作出选择，有助于选举人认真对待选举权，同时也能激发选举人参加选举的热情。

二、规范权力运行和加强反腐

候选人选择贿选手段的目的是能够胜选，胜选的目的是获得政治权力。政治权力的诱惑越大，候选人参选的欲望越强；胜选的概率越小，候选人选择贿选的动因则越强。政治权力背后的不正当利益越多，候选人对不正当利益的期待就越高，竞争选举的动机就越强。更重要的是，基于不正当目的参与选举，对不正当利益期待越高，法治意识、民主意识就会越淡薄，选择贿选的可能性也就越高。减少权力背后的不正当利益，降低候选人对不正当利益的期待，就能够降低那些法治意识和民主意识均淡薄的候选人参选的欲望，能够进一步降低候选人选择贿选的期望值。要减少权力背后的不正当利益，降低对不正当利益的期望值，就应当规范权力运行和加强反腐。

必须规范权力运行，明晰权力边界，将权力关进制度的笼子里。简政放权能够将具体行政审批事项与流程进行整理，形成职责清单，接受社会监督，防止滋生腐败，防止权力寻租。对权力的不正当期待和权力背后的不正当利益主要源于权力与市场的关系，也就是政府与市场之间的不恰当关系。不正当期待是指通过权力手段获得不正当竞争的优势，进而在市场上攫取不正当利益。权力干预导致市场竞争不充分、不公平，促使人们不得不接触、依附、取得权力，会导致候选人在参加选举竞争时倾向于选择贿选手段。规范权力更重要的是理顺政府与市场的关系，改变由政府主导的经济增长模式，大幅削减行政审批权，让市场在更大限度和更广范围内发挥资源配置功能。加强反腐是规范权力运行的另一个方面，通过加强反腐的方式有助于保障权力规范运行。当然，候选人对权力的欲望既包括直接行使政治权力又包括能够接触政治权力，不管是基于哪种欲望，都要规范权力运行，加强反腐，减少权力背后的不当利益，降低对权力的不正当期待。规范权力运行，还应当取消当选人不必要的身份特权，以荣耀和社会责任感而非利益引导选举人参加选举竞争。

三、加强对贿选人的制裁

对贿选的法律治理，不能仅依赖对贿选人的制裁，但是制裁却是必不可少的。有违法就理当依法制裁。如果不制裁贿选行为，那么贿选行为就会泛滥，对于那些没有采用贿选手段的候选人也不公平。但是，制裁也引来一个问题，是对贿选中的候选人进行制裁还是对选举人进行制裁，抑或对贿选合意中的双方都要给予制裁？

从选举的形式说，选举是由候选人主导的，候选人为了赢得竞争而去争取尽量多地获得选票，这样选举人就被争取参加选举并投票。争取更多的选举人投票，就意味着获得更多的选票，就意味着能够赢得选举竞争。选举人在选举中是被动的，选举人投票是选举竞争能够进行的必要条件。赢得选举竞争是对候选人的激励，贿选源于候选人对赢得选举的渴望，贿选和参与选举竞争都源于候选人的当选动机。

从选举的属性看，选举是候选人面对选举人争取选票的活动，是候选人面对选举人集体争取选票的活动。候选人当选不是部分选举人投票同意其当选，而是选举人集体依照"少数服从多数"之类的选举规则认同候选人赢得选举竞争并当选，选举人集体决定选举结果，选举人个人或者部分人并不能够直接决定选举结果。贿选也是一样，虽然接受贿选的是选举人个人，但是选举人个人或者部分人并不能够直接决定选举结果，选举人是选举竞争的工具，选举人也是贿选的工具。从选举、贿选的形式和属性来看，贿选的责任，或者破坏选举秩序的责任主要在于候选人，而不在于选举人。当然，选举人个人接受贿选也属于权利滥用的情形。一方面，选举和贿选都是候选人主导的，选举人只是被动选举的工具，贿选的主要责任在于候选人，而不在于选举人。对于滥用私人权利但未直接造成伤害的行为进行制裁似乎理由并不充分，缺乏足够的正当性；另一方面，法不责众，而且期待非理性的多数选举人做出理性的选举行为是不现实的。与其对多数选举人进行制裁，不如对拒绝贿选的选举人给予奖励，以强化对选举人个人的正向激励，取消对个人的反向激励。因此，解决贿选问题中的制裁，应当是制裁贿选人。加大对贿选人的制裁，也就是强化了对候选人的反向激励。

进一步论证制裁贿选人的正当性。表面上看，候选人是直接向选举人个人或者部分选举人进行贿赂，贿选的对象是私权利主体。但是，决定候选人当选的不是选举人个人或者部分选举人，而是由选举人集体决定的。可见，向选举人个人或者部分选举人进行贿赂只是贿选的工具，其实质和目的是向选举人集体行贿。正是因为"少数人服从多数人"之类的选举规则的存在，向选举人个人或者部分选举人行贿，对选举人集体的决定有着直接的影响力，甚至是一种控制力。虽然选举人个人代表的是私权利，但选举人集体代表的是公权力，贿赂选举人，就已符合行贿的构成要件而构成行贿罪。当然这种行贿的方式并不一定表现为直接行贿，而是利用影响力进行行贿。与行贿罪相比，更能证明制裁贿选人的正当性。

四、加强政党对选举的规范作用

在西方国家，政党之间的相互制约能够规范选举行为；在社会主义国家，中国共产党的统一领导能够规范选举行为。要由政党提供政治过硬、本领高强的候选人，并通过党纪、党规对本政党的候选人、选举人进行持续性地引导和制约，除了要求候选人和选举人不得违法行使权利，还要求其认真、负责地行使权利。加强对选举的规范作用体现在以下三个方面。

第一，应完善由政党提供候选人的制度。选举是候选人主导的选举，候选人之间竞争选票的活动构成了选举的内容。而贿选是候选人竞争选票的不正当方式。贿选行为是候选人主导的，假如候选人没有或者放弃贿选的意图，就不会发生贿选。而采取政党提供属于本政党的候选人的方法，可以由政党推荐候选人，对候选人的学识、能力、品德等素质进行审查，这样能够有效防范有不正之心的人进入候选人行列。由政党提供候选人是防范候选人贿选的有效手段。而且由政党提供优秀的候选人，也符合精英政治、由精英主导选举的选举特征，有利于选择合适的人行使政治权力和进行政府管理。而且，由政党甄选、提供候选人，能够简化选举人的选择。同时在经过甄选的候选人中选择，可以避免选举人最终作出不利的选择。

第二，政党应加强对候选人的规范。通过党纪、党规对候选人进行规范，防范候选人在选举过程中出现贿选问题。

第三，政党应加强对选举人的规范。政党应通过党纪、党规对选举人进行规范，防范选举过程中选举人有滥用选举权的情况，同时还应当培养选举人认真对待选举权的意识。政党可以向选举人提供文化激励，阻止选举人接受贿选。"在激励问题上，德姆塞茨提出了文化投资和集中管制。他指出，没有建立私人权利的社会有必要更紧迫地过渡到一种社会组织，在那里，个人行为直接受国家管制或间接受文化气氛影响；试图解决因减少私人权利范围而造成的产生稀缺的问题必定导致一个更加集中的管制或配给的社会。"❶。

　　加强政党对选举的规范作用，不仅能够规范候选人和选举人的行为，更重要的是，政党制度的存在能够制约政治权力，实现民主，保障法律的实效。但凡没有政党的地方，即便存在选举，如果只是形式完善的选举也无法抵抗政治权力对选举人和选举人代表进行的分化和控制。在政治领域，缺乏有效的团结机制的情况下，公民是自利的、软弱的和非理性的。而法律的运行、法律的实效以及违法的制裁，最后都要归结到由值得信赖的权力去执行制裁和约束。凯尔森对此曾有过详细的论断："在这种法律义务的定义中，行为规范通过赋予制裁而使国民负有义务不为不法行为，但并没有规定执行制裁，'适用'规范本身的任何法律义务。……这样就必须是两个不同的规范：一个规定机关应对国民执行制裁；另一个则规定，当第一个制裁并未被执行时，另一个机关应对第一个机关执行制裁。相对于第二个规范而论，第一个规范中的机关就不是法律'适用''机关'，而是一个服从或者不服从法律的'国民'。第二个规范使执行第一个规范规定的制裁，成为第一个规范的机关的法律义务。第二个规范的机关也可能转过来因第三个规范而使自己负有义务去执行第二个规范规定的制裁，如此等等。"❷ 这也是我们认为民主是法治的保障的原

---

❶　盛洪. 现代制度经济学：上卷［M］. 北京：北京大学出版社，2003：97.

❷　凯尔森. 法与国家的一般理论［M］. 沈宗灵，译. 北京：中国大百科全书出版社，1996：66－67.

因。而民主保障法治，也就是民主能够约束政治权力，政党对约束政治权力的作用不可替代。罗马共和国的历史从反面证明，假如缺少政党就难以制约政治权力，难以保障法律制度被有效实施。因此，尽管罗马共和国对于选举舞弊制定了完善并且严苛的法律，但是这些法律都难以很好地执行。毕竟涉嫌选举舞弊的都是那些掌握政治权力的人物，或者与政治权力有亲密联系的人物。

五、引入关于贿选的举报制度

贿选行为是由候选人主导的，尽管选举人往往不会拒绝接受贿选，但是选举人接受贿选毕竟也是贿选合意达成的必要条件。而且选举人接受贿选，双方处于互惠的环境下，选举人和候选人因此会同样保守贿选的秘密，贿选行为也就具有了隐蔽性。选举人接受贿选，既是贿选发生的必要条件，也为贿选不被发现创造了条件。而选举人愿意接受贿选的根本原因在于，选举权是公共权利，被置于公共领域，行使选举权则是私人权利。公共权利与私人权利的区分，主要表现为个人会不顾及公共利益，而追求个人利益。在公共领域，个人经常只会采取有利于个体的行动，而不会采取有利于集团的行动，这就是著名的"公地危机"，在公共领域对个人选择有利于集团的行动缺乏个人激励。

要使得个人在公共领域选择有利于集团的行动，就必须赋予个人行动以个人激励。个人激励，应当将个人在集团中区分对待。"只有一种独立的和'选择性'的激励会驱使潜在集团中的理性个体采取有利于集团的行动，在这种情况下，集团行动中的实现只有通过选择性地面对集团个体的激励，而不是像集体物品，对整个集团不加区别。激励必须是'选择性'的，这样那些不参加为实现集团利益而建立的组织，或者没有以别的方式为实现集团利益做出贡献的人所受到的待遇与那些参加的人才会有所不同。这些'选择性的激励'既可以是积极的，也可以是消极的，也就是说，它们既可以通过惩罚那些没有承担集团行动成本的人来进行强制，也可以通过奖励那些为集体利益而出力的人来进行诱导。"❶ 要么可以对选择做出有利于集团的行动的个人加以奖励，要么对选择做出不利于集团的行动的个人加以惩罚，才能构成对个人行动的个人激励。

　　据此，在选举领域，对个人行动的个人激励，要么对接受贿选的选举人进行惩罚，要么对没有接受贿选的选举人进行奖励。但是，个人激励是实践性操作，是否能够被实践，还得依据可行性。上文分析了制裁接受贿选的选举人具有操作难度和缺少足够的正当性的特点，那么对没有接受贿选的选举人能否进行奖励？没有接受贿选有两种形式，第一种是没有受到贿选的要约的情形，第二种是受到贿选的要约的情形。对于第一种中没有受到贿选的要约而行使选举权的情形，在雅典城邦，确实存在被奖励的情形，为鼓励公民参加公民大会而奖励，但是这存在直接民主，要求共同体共同决议的条件之下。对于选举民主，选举人投票是候选人和政党主导的，并不强行要求公民都参与投票，因此不存在对于雅典城邦意义的奖励的必要性。对每个投票公民进行普遍

---

　　❶ 曼瑟·奥尔森. 集体行动的逻辑［M］. 陈郁，译. 三联书店，上海人民出版社，1995：12.

的奖励所带来的社会激励必然较小，肯定不会超越贿选所带来的个人激励。而且，因为奖励而参与投票也不符合民主的理念。对于第一种情形是不可行的，而对于第二种情形则是可行的。区分特定的拒绝接受贿选的人，对于这样的行为人加以奖励，这种奖励制度既可以为个人提供足够的个人激励，要获得奖励必然会将贿选行为公开，这同时又可以解决贿选隐蔽性的问题。

这种奖励制度就是举报制度。引入关于贿选的举报制度，接受贿选对个人的激励程度不如举报制度对个人的激励程度。贿选行为有被举报的极大可能性，这提升了违法成本，会打破候选人关于贿选"没有被抓住，就没有违法"的幻想。

六、强化对有钱人群参选的监管制度

亨廷顿曾指出："腐化也许是通过非正常渠道将新兴集团吸收进现有政治体系的一种手段，因为该社会没能以尽可能快的速度为此目的提供合法而可能被接受的手段。"❶ 有钱人在经济发展之后，很容易滋生参与政治的愿望。如果政治制度没有给有钱人创造足够的政治参与空间，那么贿选作为腐败的一种形式，就提供了一种进入政治体系的非正当手段。而有钱人恰恰又是最能够利用此种非正当手段的人群。强烈的愿望加上足够的能力，造就了有钱人是贿选的主要人群的现实。在这里需要特别指出的是，有钱人多数是企业家，但是并不等于都是企业家。因为候选人获得金钱的方式

---

❶ 塞缪尔·P. 亨廷顿. 变化社会中的政治秩序 [M]. 王冠华，刘为，等译. 上海：上海世纪出版集团，2008：46 – 47.

是多元的，有的甚至不是企业家，但是可以通过继承等方式成为有钱人，他们同样也会滋生进入政治领域并成为政治领袖的愿望。

对于有钱人，我们不可能剥夺其参与政治的权利，不可能阻止他们成为政治家，其独特的人生经历和履历，以及必要的财富积累，也许都有助于其担任政治职务和履行政治责任。一方面，要加强对其参与选举的监管，范围涵盖其选举资格的审查、选举过程的行为及选举结果的确认；另一方面，应当重视有钱人的愿望，有钱人对社会和经济的发展都做出了重要贡献，他们的意愿和话语对社会发展也具有重要的价值，应当为他们提供适当的路径，使他们进入政治体系的方式具有正当性和合法性。我们所要做的是，通过法律制度的实施确保"有钱人"成为"有钱人群"乃至"有钱政治领袖"的路径是正当的、合法的。

七、扩大选举的制度基础

选举本质上就是要实现民主，由选举人说了算。选举人的范围越是广泛、普遍，选举的民主化程度就越高。人民民主应该是最大的民主和最广泛的民主。民主是人类政治社会与政治国家重要的追求和目标。

扩大选举的制度基础，扩大政治参与，强化选举的民主化程度。扩大选举的制度基础是指在不影响现有选举原则的前提下，尽量让更多的人获得选举权。在选举实施阶段，尽量让更多的人参与投票。选举制度基础的狭窄，有利于候选人收买选举人。选举制度的基础越宽泛，需要贿选的对象越多，贿选的难度就越大，贿选被暴露的风险也就越高。"少数人总比多数人更容易受到金钱或权势的影响而腐化。"❶"扩大选举权正是因为被认为是终止腐败和公共开支的膨胀的良方。"❷

总之，要通过完善制度、扩大民主，尤其要通过完善制度来保障最大限度的民主，来压缩贿选存在的空间，使之难以或者无法产生。即使它产生了，也能受到有效的遏制。这就是治理贿选的根本出路，也是治理贿选的法治之路与民主之路。

第三节　强化民主和法治意识

贿选问题的治理最终还表现为人们遵守选举的行为规范。强化民主和法治意识对于人们遵守选举的行为规范有着重要作用。强化民主和法治意识包括以下四个方面的内容：强化选举人的民主意识——认真行使选举权；强化选举人的法制意识——禁止选举权滥用；强化候选人的民主意识——尊重选举人集体的自由意志；强化候选人的法治意识——禁止滥用被选举权。

一、强化选举人的民主意识——认真行使选举权

投票率低是选举中的一个问题。由投票率低联想到的就是选

---

❶ 亚里士多德. 雅典政制［M］. 日知，力野，译. 北京：商务印书馆，1959：52.

❷ 皮埃尔·罗桑瓦龙. 公民的加冕礼：法国普选史［M］. 吕一民，译. 上海：上海人民出版社，2005：220.

举人是否可以放弃行使选举权和参与投票；进而联想到的就是选举权是否也是选举人的一种义务，是否可以强制选举人行使选举权和参与投票。民主的发祥地雅典城邦也曾为公民大会参与率较低而犯愁，曾经提出以惩罚的方式解决公民不参与公民大会的问题。亚里士多德在《政治学》一书里指出："有两种方法可以鼓励选举人参加政治会议：一种是惩罚缺席者；另一种是奖赏出席者。前一种更像寡头制，后一种则是激进民主制的行事方式。在公元前 5 世纪时，尚未实施会议津贴制，雅典人为了驱使选举人参加公民大会，用红漆绳子拦人，谁衣服上染了红漆就挨罚。到公元前 4 世纪，他们改用发会议津贴的办法来鼓励选举人参会，这个办法似乎立竿见影。"❶

　　雅典城邦是民主和政治选举的发祥地。在雅典城邦，共同体共同行使政治权力和管理国家事务。由于共同体共同行使政治权力和管理政治事务存在缺陷，共同体不得不将权力委托值得信赖的人行使，由被委托的人管理城邦特定的专业事务，行使特定的权力。而委托的方式主要表现为选举，实则选举也是城邦全体公民共同行使政治权力、管理国家事务的内容之一。现代意义的选举则不同，现代意义的选举并不是全体公民共同行使权力、管理政治事务的内容，选举只是选择、确定那些行使政治权力、管理国家事务的人选。在雅典城邦的选举中，全体公民作为选举人主导选举；而在现代国家的选举中，选举人是被引导的，由候选人主导选举。在雅典城邦，被选举的人被要求执行公民大会的意志；

---

　　❶ 摩根斯·赫尔曼·汉森. 德摩斯提尼时代的雅典民主：结构、原则与意识形态［M］. 何世健，欧阳旭东，译. 上海：华东师范大学出版社，2014：201.

而在现代国家，被选举的人执行的是自我的意志。

选举权最初表现为一种义务。选举最初是共同体共同行使政治权力、管理政治事务的内容，选举、行使选举权是共同体的一项事务。而选举权的本质是一项权利还是义务，取决于公民参与行使政治权力、管理政治事务是权利还是义务。共同体行使政治权力是为了共同命运，每位公民都应当参与到共同命运的维系中来，参与到政治权力的行使中来，这是城邦制度决定的。在城邦制度下，每个人并不享有个人独立的空间，个人彻底服从城邦和共同体，"民主意味着个人应当屈从于共同体，这也是雅典城邦民主制度的特征，（雅典城邦）民主制度就是一种进行集体决策的（城邦）统治体系。……社会不允许给独立性留有余地，也不允许个人得到保护，它完全吞没了个人。城邦是至高无上的，因为组成城邦的每个人都要彻底服从城邦。"❶ 彻底服从城邦，甚至在必要的时候为城邦牺牲，公民有的只是对城邦和共同体的义务，"民主的成功依赖于公民对他们城邦义务的接受，及由此维持着与公民城邦同命运的感觉。"❷

尽管公民参与公民大会的比例很低，"（雅典城邦的）应该参加大会的人很少参会。"❸ 大多数公民不参与公民大会实则并不影响公民参与公民大会的义务性。正如同，不遵守法律，不代

---

❶ 乔万尼·萨托利. 民主新论：下卷［M］. 冯克利，阎克文，译. 上海：上海人民出版社，2015：443.

❷ 安东尼·阿巴拉斯特. 民主［M］. 孙荣飞，等译. 长春：吉林人民出版社，2005：82.

❸ 弗朗索瓦·基佐. 欧洲文明史［M］. 钱磊，译. 北京：台海出版社，2016：57.

表法律没有强制性；不履行义务，不代表义务就不存在。可见，选举权在民主发源地的雅典城邦制度下就是一种义务，尽管雅典公民大多数不参加公民大会，不行使其选举权。选举权是一种义务，虽然被称为选举义务，其实也是选举权利。一方面，选举权与公民权相对应，公民权也是一种对应城邦的义务，但也可称为权利；另一方面，选举权本身也体现了一种自由，和公民权一样，选举权虽然被要求必须行使，但是选举权具体如何行使则是自由的，也就是表现为投票选择的自由。

　　既然选举权表现为一种义务，那么为什么还有人去争取？义务意味着行为人必须去做，但是必须去做的事并不一定是不利的。赡养是义务，但赡养并不一定是不利的，没有赡养的强制规定，大多数选举人也会履行赡养义务。对于选举权也一样，选举权是公民身份的部分内容，排他性的公民身份是一种稀缺资源，是地位和荣耀的象征，"毫不夸张地说，公民身份的主要作用之一是作为歧视的一种动因或原则。……它一直包含并限定特权，并且构成排斥非公民的歧视手段。"❶ 选举权是一种义务，为什么选票还能被收买？义务实则也能带来利益，因为义务是处于相互关系中的，义务基于对他人的权利，要么构成威胁，要么需要得到协助。义务与他人的利益发生关系，自然也可以展现为一种利益。

　　尽管选举权在城邦制度下是一种义务，但选举权作为一种应当行使的义务却面临两大困境：一方面，法不责众，对于大多数

---

❶　彼得·雷森伯格. 西方公民身份传统：从柏拉图至卢梭［M］. 郭台辉，译. 长春：吉林出版集团有限责任公司，2009：4.

人不履行义务，城邦却无能为力。因此，无论通过惩罚还是奖励的方式，都不能保证公民参与公民大会；另一方面，尽管选举也是共同体管理事务的一项内容，但凡成为选举的形式，就容易发生异化。选举人不再能够主导选举，而成为被引导者，这时候还指望选举权是一种义务已经没有意义了。

选举权成为一种权利。在雅典城邦的选举中，全体公民作为选举人主导选举；而在现代国家的选举中，选举人是被引导的，选举是由候选人主导的。在雅典城邦，被选举的人被要求执行公民大会的意志；而在现代国家的选举中，被选举的人执行的是自我的意志。因此，在现代国家的选举中，选举人是被引导的，选举的实质就是候选人自由竞争选举人的选票，被动的选举人是在候选人或者其所属政党的动员下进行投票。可见，选举人是否投票在于候选人或者其所属政党的动员范围和程度。如果想获得更多的选票，就必须动员更多的人参与投票。对于个人，并不一定是被强制地去投票，是否投票，给谁投票，都是选举人个人的自由。当然，当获得选举权的时候，即便候选人或者其所属的政党反对其投票，但其仍然有投票的权利。可见，在现代政治国家，选举权就是一种权利，而不再是不得不行使的义务。

选举权从义务转变为权利的过程，伴随着共同体直接行使政治权力到共同体制约政治权力行使的过程，伴随着要求当选人执行共同体意志到当选者执行自我意志的过程。权利不能被强制性地要求行使，权利往往不被认真对待。强化选举人的民主意识，强调行使权利的重要，明确选举权是民主权，有助于选举人认真对待选举权。

二、强化选举人的法治意识——禁止选举权滥用

选举是一项政治活动，选举也是一项政治规则。选举活动的开展应当在选举规则的规范下进行。选举规则被确立和受保障的方式是上升为法律规则，选举规则既是政治规则又是法律规则。选举的开展过程，就是选举规则的实施过程，也就是关于选举的法律的适用过程。而法律内容则展现为对权利的表述，以及所对应的义务的表述，那么，选举活动的开展、选举规则的实施也就是选举权和被选举权的行使。选举活动效果如何就在于选举权和被选举权如何行使。

但凡是权利，就是一种有选择的自由，权利人可以选择行使权利，也可以选择不行使权利。义务与权利不同，义务人并不能选择是否履行义务，义务必须履行。谈及选举权，不可避免的问题是，相比行使选举权，获得选举权更为重要。选举人争取选举权，但又往往不会认真对待选举权，甚至不知道应当如何行使选举权，把选举权视为和民商法保障的私权利一样，可以由权利人自由、任性处分。

法律为调整主体间关系而产生，权利就是法律对主体间关系的一种确认，从这个意义上讲，权利的本质是一种主体间关系。当然，作为一种完整的主体间关系还包括与权利相伴随、不可分离的义务。义务本是权利的另一面，但是因为权利和义务的二元区分，使得选举人会产生绝对权利的观念。然而，权利的本质是一种主体间的关系，权利作为主体间关系的体现，必然意味着

"权利不得滥用"。近现代以来权利滥用原则的凸显，在很大程度上是对传统的以个人权利为中心的自由主义法权观念的修正，开始意识到所有权的社会观念，在某种程度上体现了社群主义观念对权利的影响。❶

权利作为主体间关系确认的结果，一定基于相应的原因和目的，权利也是因果关系的产物。那么，"权利不得滥用"，权利的行使，也应当符合权利设立的目的和要求。对权利的限制，对权利不得滥用的要求，不仅仅是消极的限制，即权利不应当怎么行使，而且包括积极的限制，即权利应当如何行使，后者往往也使得权利具有了义务的性质。权利不得滥用，权利应当如何行使，应当依据权利本身的性质。作为普通的、由民商法保障的私权利，尚且要受到权利不得滥用的限制，更何况作为政治权利的选举权和被选举权了。选举权属于集体权利，是保护性权利，要求私人不得滥用选举权，选举权不能随心所欲地行使。

选举权属于集体权利。选举权作为政治权力，源于选举人共同体，选举权属于集体所有，个人并不具有独立的部分，个人进入集体就会获得权利，个人离开集体不会带走权利。选举权与集体土地使用权的性质类似，土地使用权属于集体，集体共同参与管理土地使用权，也可以享受土地使用权的收益。但是个人对集体土地使用权并不享有独立的权利，个人进入集体不会为集体土地使用权增加一部分，个人脱离集体亦不会从集体土地使用权中带走一部分。

---

❶ 王锡锋. 滥用知情权的逻辑及展开［J］. 法学研究，2017（6）.

　　需要明确的是，个人单独享有的选举权，并不是真正的选举权，而是行使选举权的权利。与集体土地使用权相比，个人享有的并不是集体土地使用权，而是管理集体土地使用权的权利。大多数情况下，权利的归属和权利的行使属于同一个人，对权利的归属和行使权利没有做出区分的意义。但是对于选举权、集体土地使用权就需要做出区分。虽然表面上都是同一个集体，但是权利属于集体，权利的行使则属于集体中的个人。正是因为选举人往往忽略了对权利和行使权利区分的意义，选举人并不明白选举权和行使选举权的权利的区分，不明白这是两种完全不同的权利，也就混同了选举权与行使选举权的权利，错误地将选举权和行使选举权的权利都作为属于个人的、独立的权利，这也是将选举权和个人行使选举权的权利统称为选举权的原因。而个人行使选举权对选举结果往往并不发生决定作用也是因为行使的选举权不是个人独立的选举权而是集体所有的选举权。行使选举权的权利源于选举权，选举权的性质就会成为行使选举权的要求。个人行使选举权是独立的和自由的，但是个人行使的选举权则是集体所有的，集体所有的性质要求个人理性行使选举权，个人行使选举权并不能恣意。要防止选举权、选举活动受到控制，以免打破社会公众与社会管理人之间的平衡，从而无法制约政治权力。毕竟，作为政治自由，个人行使选举权的选择并不仅仅是单向的任意选择，萨托利就认为："选择的自由并非关系中的自由，它仅涉及一个面对行为过程的行动者的选择，而政治自由则是关系中的自由，它发生在多个行为者之间，他们的自由必须在相互关系

中共存。"❶

　　选举权属于集体权利而不是个人单独权利，这种权力和行使权利的权利二分，既是选举权理性行使的基础，也是导致选举权被滥用的原因。选举权属于集体权利，选举权又是由单独的个人行使，个人选择行为符合经济学上个人是自利人的假设，个人行使选举权往往只会考虑个人收益，而忽略了集体需要，这就容易导致权利滥用。但反过来，权利滥用的现实也证明了选举权和行使选举权的权利的二分。

　　选举权是保护性权利。选举权是政治权利，表现为政治自由。而政治自由与社会、经济自由不一样，"政治自由不是心灵、思想、道德、社会、经济或法律意义上的自由。它是这些自由的前提，并促进这些自由，但它和它们并不是一回事。"❷ 政治自由是工具性的，是为了保护社会、经济自由而有的自由，"政治自由不是主观自由，它是一种工具性的、关系中的自由，其实质目的是创造一种自由的环境，为自由提供条件。"❸ 由此可见，行使选举权的目的不是直接从选举权中受益，一切直接从选举权中受益的表现都是违反选举权精神的。行使选举权，只能间接受益，行使选举权的目的是保护权利或者保障公共利益，进而使得个人从中受益。

---

　　❶　乔万尼·萨托利. 民主新论：下卷 ［M］. 冯克利，阎克文，译. 上海：上海人民出版社，2015：468.
　　❷　同❶：457.
　　❸　同❶：460.

三、强化候选人的民主意识——尊重选举人集体的自由意志

尽管在形式上，选举是由候选人主导的，选举人是被动参与投票的。候选人会采取各种方式争取选票，包括道德的和不道德的方式。除了用胁迫的方式，以违反选举人意志自由的方式争取选票，用其他策略，不管是分化还是收买，其实都源于选举人的自由意志。但是，选举的目的不是仅仅要求选举人的自由意志不受控制，更重要的是能够制约候选人，使候选人必须满足选举人的共同利益需要。选举存在的基础就是选举不能被控制。选举的意志自由，不是要求选举人的意志自由，而是要求选举人集体的意志自由，当然，没有选举人的意志自由也就不会有选举人集体的意志自由。因此，候选人应当尊重选举人集体，不能以不正当的方式控制选举。

候选人尊重选举人集体，尊重选举人集体的意志自由，是选举的要求，更是民主的要求。选举理念关于选举不能被控制的要求，与民主理念的要求一致。民主理念提出了比选举理念更强烈的要求，要求选举人集体在选举中发挥更主动、更决定性的作用，而不能仅仅满足于不被控制。强化候选人的民主观念，促使候选人尊重选举公平，尊重选举人集体的意志自由，放弃贿选的方式，放弃不正当竞争的方式，放弃伤害民主的方式。

四、强化候选人的法治意识——禁止滥用被选举权

与选举权从义务到权利的转变不同，被选举权一直被视为一种权利。被选举权作为一种政治权利，同样也面临着权利不得滥用的约束。

被选举权不得滥用的基本要求是不得破坏社会管理人与社会公众之间关系的平衡。选举是社会公众制约政治权力的方式，社会管理人受到社会公众的制约，满足人们的共同需要，是选举、选举权、被选举权存在的意义所在。而被选举权的滥用，一定是为了能够控制选举权，以获得更多的选票，这种控制就打破了选举制度设置的平衡。被选举权一旦被滥用，就可能带来政治权力的滥用。而且，在选举活动中，不是选举权的行使引导着选举活动的进行，而是被选举权的行使引导着选举活动的进行，被选举权一旦被滥用，引导就会成为控制，人们将无法制约政治权力。

为了确保被选举权不被滥用，法律要规范被选举权的理性使用，一方面，对被选举权的行使加以限制，制约被选举权的行使，压缩被选举权滥用的空间；另一方面，可以加大对候选人滥用权利的制裁。

结　语

选举是一个古老而又现代的政治现象。从选举出现以来就有了贿选，至今也没有被消除或者消灭。除极为少量的情形，政治社会或者政治国家总是千方百计地惩罚和防止贿选发生。在千百年的政治实践中，选举人努力使用各种手段克服贿选，乃至竭尽所能地消除贿选现象，但是也难免有失败的情形，选举被贿选毁坏。即使在特定国家的当下，没有发现贿选现象，但我们也无法宣布已经彻底消灭了贿选。因为，只要有选举存在，就无法说已经消灭了了贿选或者贿选发生的可能。

贿选的危害是不言自明的。它对于政治秩序、政治清廉、政治法治、政治民主来说都是具有破坏性的，对于人民来说都是灾难。首先，贿选是对选举真实性的直接破坏，使选举畸形化，使政治秩序混乱。其次，它严重败坏政治权力的廉洁性，甚至引发当选者滥用权力来收回贿选的所谓成本与投入。凡是通过贿选方式获得的权力，往往很难正当行使，以腐败开始多半都会以腐败结束。再次，贿选往往是对法治的违反。在有规则包括法律的情况下，贿选就是对规则包括法律的违背，它是对规则乃至对法治的挑衅。最后，贿选还是对民主的伤害，只要有贿选存在，所谓的投票民主就是欺骗，人民当家做主就会流于空谈。至于现代西方出现的政治献金，它是由贿选发展而来的逆向腐败现象。它具有和贿选一样的危害，只是其方式和路径有所差异。随着政治民主的发展，也需要引起后发展国家的高度重视，并予以有效地控制。

贿选能够产生、存在，或者时不时地重现，远说与权力的性质相关，近说与候选人对于权力的追求有关。当然也与选举人对于金钱的欲求相关。行贿与受贿总是共生的，可以说，没有行贿就没有受贿；也同样可以说，没有收受贿就不会有行贿。行贿与受贿都破坏了选举活动过程与结果的廉洁性，当然也破坏了政治权力的廉洁性，因此对于行贿与受贿都必须予以坚决的反对。如果说在一般社会生活中，行贿与受贿难分主从的话，在选举的行贿与受贿上，无疑候选人的行贿是主导性的、决定性的。因此对于候选人行贿行为的控制无疑是首要的，也是特别重要的。

要消灭贿选，在短期和局部都是可能的。但是从终极意义上讲，除非消灭了选举本身，否则贿选可能就像病菌乃至毒瘤一样存在于选举之中。只要选举还存在，就无法说彻底消除了贿选发生的可能。不容否定，对于贿选进行制裁是极为有效的手段。首先，我们可以考虑对贿选予以严厉的制裁。面对严厉的制裁，面对可能失去选举机会与结果，乃至要被刑事处罚——坐牢的危险，候选人会收敛贿选行为是必然的。其次，要通过制度设计来减少或者消除贿选。比惩罚更有效的应该还是对于选举的制度设计，对选举本身及其监督手段进行更为细致的程序设计，使贿选难以进行。最后，我们还可以更充分地扩大民主，让参与选举的范围尽可能扩大，扩大到有选举能力的任何人或者主体。选举主体的扩大，能够使行贿者无法行贿，或者使其认识到贿赂部分人对选举结果没有影响，而对所有选举人进行贿赂又没有可能。我们要通过扩大民主，一方面，要使贿选变得难以实施或者无法实施；另一方面，要迫使候选人从不正当的贿选转向对选举人作出恰如其分的竞选承诺，使选举人乃至全体人民普遍地因有选举、有选举承诺而获得竞选者乃至当选者更好的服务。

贿选管理的得失成败直接关乎政治秩序、政治清廉、政治法治和政治民主。选举人对于贿选的危害是容易认识到的，选举人对于减少乃至消除贿选的愿望也总是强烈的，但选举人对于治理贿选的手段选择和使用都难免会出现这样或那样的失误，甚至会产生这样或那样的误区。本书的研究目的就在于通过对贿选以及整个选举的思考，对于人类治理贿选措施进行反思，得出可以通过制裁、法治和民主的方式来治理贿选，通过法治化的政治民主来治理贿选的结论，促进政治国家和政治社会的有序、清廉、法治和民主，使政治权力回归或者达到理想状态。

参考文献

中文著作:

[1] 卓泽渊. 法政治学研究 [M]. 北京: 法律出版社, 2011.

[2] 卓泽渊. 法治国家论 [M]. 北京: 法律出版社, 2008.

[3] 卓泽渊. 法的价值论 [M]. 北京: 法律出版社, 2006.

[4] 唐丰鹤. 在经验和规范之间: 正当性的范式转换 [M]. 北京: 法律出版社, 2014.

[5] 余英时. 余英时文集: 第6卷 [M]. 桂林: 广西师范大学出版社, 2006.

[6] 顾准. 顾准文集 [M]. 北京: 中国市场出版社, 2007.

[7] 王浦劬. 政治学基础 [M]. 北京: 北京大学出版社, 1995.

[8] 胡水君. 法律与社会权力 [M]. 北京: 中国政法大学出版社, 2011.

[9] 梁治平. 法治在中国: 制度、话语与实践 [M]. 北京: 中国政法大学出版社, 2002.

[10] 刘军宁. 民主与民主化 [M]. 北京: 商务印书馆, 1999.

[11] 李天祐. 古代希腊史 [M]. 兰州: 兰州大学出版社, 1991.

[12] 盛洪. 现代制度经济学: 上卷 [M]. 北京: 北京大学出版社, 2003.

[13] 林尚立. 政党政治与现代化: 日本的历史与现实 [M]. 上海: 上海人民出版社, 1998.

[14] 任寅虎, 张振宝. 古代雅典民主政治 [M]. 北京: 商务印书馆,

1983.

[15] 王觉非. 近代英国史 [M]. 南京：南京大学出版社，1997.

[16] 王邦佐，邓志伟. 大辞海：政治学·社会学卷 [M]. 上海：上海辞书出版社，2010.

[17] 何怀宏. 选举社会及其终结 [M]. 北京：生活·读书·新知三联书店，1998.

[18] 周叶中，朱道坤. 选举七论 [M]. 武汉：武汉大学出版社，2012.

[19] 陈炳辉. 西方民主理论：古典与现代 [M]. 北京：中国社会科学出版社，2016.

[20] 郭中军. 中国的选举民主 [M]. 北京：学林出版社，2014.

[21] 董礼胜. 村委会选举中的贿选及其治理研究 [M]. 北京：中国社会科学出版社，2005.

[22] 邹永贤. 国家学说史：上册、中册、下册 [M]. 福州：福建人民出版社，1999.

[23] 徐大同. 西方政治思想史：第一卷、第二卷、第三卷、第四卷、第五卷 [M]. 天津：天津人民出版社，2005.

[24] 中国社会科学杂志社. 民主的再思考 [M]. 北京：中国社会科学杂志社，2000.

中文译作：

[1] 亚里士多德. 政治学 [M]. 吴寿彭，译. 北京：商务印书馆，1965.

[2] 亚里士多德. 雅典政制 [M]. 日知，力野，译. 北京：商务印书馆，1959.

[3] 西塞罗. 西塞罗三论 [M]. 徐奕春，译. 北京：团结出版社，2006.

[4] 普鲁塔克. 希腊罗马名人传 [M]. 陆永庭，等译. 北京：商务印书馆，1990.

［5］修昔底德. 伯罗奔尼撒战争史［M］. 谢德风，译. 北京：商务印书馆，1997.

［6］阿庇安. 罗马史：下卷［M］. 谢德风，译. 北京：商务印书馆，1976.

［7］阿庇安. 罗马史：上卷［M］. 谢德风，译. 北京：商务印书馆，1997.

［8］苏维托尼乌斯. 罗马十二帝王传［M］. 张竹明，王乃新，等译. 北京：商务印书馆，1995.

［9］西塞罗. 论共和国、论法律［M］. 王焕生，译. 北京：中国政法大学出版社，1997.

［10］阿莫伯勒. 亚里士多德对城邦自然性的理解［M］//刘小枫. 城邦与自然：亚里士多德与现代性. 柯常咏，译. 北京：华夏出版社，2010.

［11］乔万尼·萨托利. 民主新论：下卷［M］. 冯克利，阎克文，译. 上海：上海人民出版社，2015.

［12］塞缪尔·P. 亨廷顿. 变化社会中的政治秩序［M］. 王冠华，刘为，等译. 上海：上海世纪出版集团，2008.

［13］熊彼特. 资本主义、社会主义与民主［M］. 吴良健，译. 北京：商务印书馆，1999.

［14］哈维·C. 曼斯菲尔德. 驯化君主［M］. 冯克利，译. 北京：译林出版社，2005.

［15］乔治·萨拜因. 政治学说史：城邦与世界社会（第四版）［M］. 邓正来，译. 上海：上海人民出版社，2015.

［16］威尔·杜兰特. 世界文明史：希腊的生活［M］. 中国台湾幼狮文化，译. 北京：华夏出版社，2010.

［17］弗朗西斯·福山. 历史的终结与最后的人［M］. 陈高华，译. 桂林：广西师范大学出版社，2014.

［18］哈罗德·戈斯内尔，理查德·斯莫尔卡. 美国政党和选举［M］. 复旦大学国际政治系，译. 上海：上海译文出版社，1980.

［19］托马斯·戴伊，哈蒙·齐格勒. 民主的嘲讽［M］. 孙占平，等译. 北京：世界知识出版社，1991.

［20］乔万尼·萨托利. 民主新论：上卷［M］. 冯克利，阎克文，译. 上海：上海人民出版社，2015.

［21］亨廷顿. 第三波：20世纪后期民主化浪潮［M］. 刘军宁，译. 上海：上海三联书店，1998.

［22］卡尔·科恩. 论民主［M］. 聂崇信，朱秀贤，译. 北京：商务印书馆，1988.

［23］达龙·阿西莫格鲁，詹姆斯·A. 罗宾逊. 政治发展的经济分析：专制与民主的经济起源［M］. 马春文，等译. 上海：上海财经大学出版社，2008.

［24］撒穆尔·伊诺克·斯通普夫，詹姆斯·菲泽. 西方哲学史：从苏格拉底到萨特及其后［M］. 匡宏，邓晓芒，等译. 北京：世界图书出版公司，2008.

［25］罗伯特·D. 帕特南. 使民主运转起来［M］. 王列，赖海榕，译. 南昌：江西人民出版社，2001.

［26］本杰明·巴伯. 强势民主［M］. 彭斌，吴润洲，译. 长春：吉林人民出版社，2006.

［27］戴维·E. 阿普特. 现代化的政治［M］. 陈尧，译. 上海：上海人民出版社，2011.

［28］弗朗西斯·福山. 政治秩序的起源：从前人类时代到法国大革命［M］. 毛俊杰，译. 桂林：广西师范大学出版社，2014.

［29］E. E. 谢茨施耐德. 半主权的人民［M］. 任军锋，译. 天津：天津人民出版社，2000.

［30］卡尔·波普尔. 自由民主与开放社会［M］//刘军宁. 民主二十讲. 北京：中国青年出版社，2008.

［31］弗里德曼. 法律制度［M］. 李琼英，林欣，译. 北京：中国政法大学出版社，1994.

［32］博登海默. 法理学：法律哲学与法律方法［M］. 邓正来，译. 北京：中国政法大学出版社，2004.

［33］富勒. 法律的道德性［M］. 郑戈，译. 北京：商务印书馆，2005.

［34］詹姆斯·布坎南，戈登·塔洛克. 同意的计算［M］. 陈光金，译. 北京：中国社会科学出版社，2000.

［35］詹姆斯·布坎南. 自由、市场和国家［M］. 平新乔，莫扶民，译. 北京：生活·读书·新知三联书店，1989.

［36］曼瑟·奥尔森. 民主理论的前言［M］. 顾昕，朱丹，译. 北京：生活·读书·新知三联书店；伦敦：牛津大学出版社，1999.

［37］彼得·雷森伯格. 西方公民身份传统：从柏拉图至卢梭［M］. 郭台辉，译. 长春：吉林出版集团有限责任公司，2009.

［38］曼瑟·奥尔森. 集体行动的逻辑［M］. 陈郁，译. 三联书店，上海人民出版社，1995.

［39］潘恩. 潘恩选集［M］. 马清槐，译. 北京：商务印书馆，1981.

［40］汉密尔顿，杰伊，麦迪逊. 联邦党人文集［M］. 程逢如，左汉，舒逊，译. 北京：商务印书馆，1980.

［41］达尔. 民主理论的前言［M］. 顾昕，朱丹，译. 北京：生活·读书·新知三联书店，1999.

［42］达尔. 论民主［M］. 李柏光，林猛，译. 北京：商务印书馆，1999.

［43］达尔. 现代政治分析［M］. 王沪宁，陈峰，译. 上海：上海译文出版社，1987.

［44］达尔. 民主及其批评者［M］. 曹海军，佟得志，译. 长春：吉林人民出版社，2006.

［45］达尔. 多元主义民主的困境［M］. 周军华，译. 长春：吉林人民出

版社，2006.

［46］安东尼·唐斯. 民主的经济理论［M］. 姚洋，邢予青，赖平耀，译.
上海：上海世纪出版集团，2005.

［47］阿伦·利普哈特. 民主的模式：36 个国家的政府形式和政府绩效
［M］. 陈崎，译. 北京：北京大学出版社，2006.

［48］罗尔斯. 正义论［M］. 何怀宏，等译. 北京：中国社会科学出版
社，1988.

［49］西摩·马丁·李普塞特. 政治人：政治的社会基础［M］. 张邵宗，
译. 上海：上海人民出版社，1997.

［50］卡罗尔·佩特曼. 参与和民主理论［M］. 陈尧，译. 上海：上海人
民出版社，2006.

［51］本杰明·巴伯. 强势民主［M］. 彭斌，吴润洲，译. 长春：吉林人
民出版社，2006.

［52］博曼. 公共协商：多元主义、复杂性与民主［M］. 黄相怀，译. 北
京：中央编译出版社，2006.

［53］施特劳斯，克罗波西. 政治哲学史［M］. 李天然，等译. 石家庄：
河北人民出版社，1998.

［54］哈特. 法律的概念［M］. 许家馨，李冠宜，译. 北京：法律出版
社，2011.

［55］戴维·米勒. 布莱克维尔政治学百科全书［M］. 邓正来，等译. 北
京：中国政法大学出版社，2002.

［56］密尔. 代议制政府［M］. 汪萱，译. 北京：商务印书馆，2008.

［57］密尔. 论自由［M］. 许宝骙，译. 北京：商务印书馆，1959.

［58］基托. 希腊人［M］. 徐卫翔，黄韬，译. 上海：上海人民出版
社，1998.

［59］弗里德利希·冯·哈耶克. 自由秩序原理［M］. 邓正来，译. 北京：

三联书店，1997.

[60] 赫尔德. 民主的模式［M］. 燕继荣，等译. 北京：中央编译出版社，1998.

[61] 约翰·阿克顿. 自由与权力：阿克顿勋爵论文集［G］. 侯建，范亚峰，译. 北京：商务印书馆，2001.

[62] 安东尼·阿巴拉斯特. 民主［M］. 孙荣飞，等译. 长春：吉林人民出版社，2005.

[63] 德里克·希特. 何谓公民身份［M］. 郭忠华，译. 长春：吉林出版集团有限责任公司，2007.

[64] 爱德蒙·柏克. 美洲三书［M］. 缪哲，译. 北京：商务印书馆，2012.

[65] S. 李德·布德勒. 英国宪政史谭［M］. 陈世第，译. 北京：中国政法大学出版社，2003.

[66] 劳埃德·柏克. 法国革命论［M］. 何兆武，译. 北京：商务印书馆，1998.

[67] 约翰·奥斯丁. 法理学的范围［M］. 刘星，译. 北京：中国法制出版社，2002.

[68] 霍布斯. 利维坦［M］. 黎思复，黎廷弼，译. 北京：商务印书馆，1963.

[69] 洛克. 政府论：上篇［M］. 瞿菊农，叶启芳，译. 北京：商务印书馆，1982.

[70] 洛克. 政府论：上篇［M］. 叶启芳，瞿菊农，译. 北京：商务印书馆，1964.

[71] 罗素. 西方哲学史：下卷［M］. 马元德，译. 北京：商务印书馆，1976.

[72] 密里本德. 资本主义社会的国家［M］. 沈汉，陈祖洲，蔡琳，译.

北京：商务印书馆，1988.

［73］卡尔·波普尔. 开放社会及其敌人：第 1 卷［M］. 陆衡，等译. 北京：中国社会科学出版社，1999.

［74］卡尔·波普尔. 开放社会及其敌人：第 2 卷［M］. 郑一明，等译. 北京：中国社会科学出版社，1999.

［75］尚塔尔·墨菲. 政治的回归［M］. 王恒，臧佩洪，译. 南京：江苏人民出版社，2001.

［76］皮埃尔·罗桑瓦龙. 公民的加冕礼：法国普选史［M］. 吕一民，译. 上海：上海人民出版社，2005.

［77］卢梭. 论人类不平等的起源和基础［M］. 李常山，译. 北京：商务印书馆，1962.

［78］卢梭. 社会契约论［M］. 何兆武，译. 北京：商务印书馆，2003.

［79］让·马克·科特雷，克洛德·埃梅里. 选举制度［M］. 张新本，译. 北京：商务印书馆，1996.

［80］孟德斯鸠. 论法的精神：上卷［M］. 许明龙，译. 北京：商务印书馆，2012.

［81］孟德斯鸠. 罗马兴衰原因论［M］. 婉玲，译. 北京：商务印书馆，1962.

［82］托克维尔. 论美国的民主：上卷［M］. 董果良，译. 北京：商务印书馆，1997.

［83］菲利普·内莫. 民主与城邦的衰落：古希腊政治思想史讲稿［M］. 张竝，译. 上海：华东师范大学出版社，2011.

［84］弗朗索瓦·基佐. 欧洲文明史［M］. 钱磊，译. 北京：台海出版社，2016.

［85］罗伯特·米歇尔斯. 寡头统治铁律：现代民主制度中的政党社会学［M］. 任军锋，等译. 天津：天津人民出版社，2002.

［86］马克斯·韦伯. 经济与社会：下卷［M］. 林荣远，译. 北京：商务印书馆，1997.

［87］康德. 法的形而上学原理：权利的科学［M］. 沈叔平，译. 北京：商务印书馆，1991.

［88］拉德布鲁赫. 法哲学［M］. 王朴，译. 北京：法律出版社，2005.

［89］卡尔·拉伦茨. 德国民法通论：上册［M］. 王晓晔，等译. 北京：法律出版社，2003.

［90］哈贝马斯. 公共领域的结构转型［M］. 曹卫东，译. 北京：学林出版社，1999.

［91］哈贝马斯. 合法化危机［M］. 刘北成，曹卫东，等译. 上海：上海人民出版社，2000.

［92］哈贝马斯. 交往与社会进化［M］. 张博树，译. 重庆：重庆出版社，1989.

［93］哈贝马斯. 交往行动理论［M］. 洪佩郁，蔺青，译. 重庆：重庆出版社，1994.

［94］哈贝马斯. 在事实与规范之间［M］. 童世骏，译. 北京：生活·读书·新知三联书店，2003.

［95］加塔诺·莫斯卡. 统治阶级［M］. 贾鹤鹏，译. 北京：译林出版社，2003.

［96］维尔弗雷多·帕累托. 精英的兴衰［M］. 刘北成，译. 上海：上海人民出版社，2003.

［97］德拉·沃尔佩. 卢梭与马克思［M］. 薛贵，译. 重庆：重庆出版社，1993.

［98］马斯泰罗内. 欧洲民主史［M］. 黄华光，译. 北京：社会科学文献出版社，1998.

［99］凯尔森. 法与国家的一般理论［M］. 沈宗灵，译. 北京：中国大百

科全书出版社，1996.

[100] 摩根斯·赫尔曼·汉森. 德摩斯提尼时代的雅典民主：结构、原则与意识形态 ［M］. 何世健，欧阳旭东，译. 上海：华东师范大学出版社，2014.

期刊文章：

［1］莫纪宏. 直面"三个挑战"："衡阳贿选事件"的法理透析 ［J］. 法学评论，2014（2）.

［2］徐国栋. 罗马法选举舞弊立法研究 ［J］. 广西大学学报（哲学社会科学版），2014（6）.

［3］薛磊. 政治献金的今与昔 ［J］. 时事报告，2010（12）.

［4］张聚国. 从特权到普遍性权利：美国公民选举权的扩大 ［J］. 南开学报（哲学社会科学版），2010（1）.

［5］李剑鸣. "共和"与"民主"的趋同：美国革命时期对"共和政体"的重新界定 ［J］. 史学集刊，2009（5）.

［6］刘作翔. 权利相对性理论及其争议：以法国若斯兰的"权利滥用"理论为依据 ［J］. 清华法学，2013（6）.

［7］李峰. 人大代表选举的贿选问题及其治理：基于"衡阳人大代表贿选案"的分析 ［J］. 研究生法学，2015（4）.

［8］沈寿文. 人大代表"贿选"的逻辑："辽宁贿选案"的警示 ［J］. 东方法学，2017（1）.

［9］秦前红. 返本开新："辽宁贿选案"若干问题评析 ［J］. 法学，2016（12）.

［10］李雷. 完善人大代表间接选举制度的思考：以"辽宁贿选案"为起点 ［J］. 时代法学，2017（3）.

［11］蒋劲松. 人大代表贿选案的代议法学反思 ［J］. 法学，2017（4）.